TELEKOLLEG MULTIMEDIAL

W0338293

Algebra
Lektion 1 – 6

Kurzausgabe

Wolfgang Fraunholz
Christel Liefke

MULTIMEDIA DIENSTLEISTUNGEN
Nürnberg MMD GmbH

Multimedia-Dienstleistungen
Nürnberg MMD GmbH

TELEKOLLEG MULTIMEDIAL

TELEKOLLEG MULTIMEDIAL wird veranstaltet von den Bildungs- bzw. Kultusministerien von Bayern, Brandenburg und Rheinland-Pfalz sowie vom Bayerischen Rundfunk (BR).

Dieser Band enthält das Arbeitsmaterial zu ausgewählten Lehrsendungen des insgesamt 26teiligen Algebra-Kurses „Funktionen in Anwendungen“ und „Gleichungen und Funktionen“, der 1992/93 vom Südwestfunk produziert wurde.

Nähere Informationen zu TELEKOLLEG MULTIMEDIAL:
www.telekolleg.de

Die Lektionen 1 – 3 wurden dem Band „Gleichungen und Funktionen“ entnommen (dort Lektionen 1 – 3), die Lektionen 4 – 6 dem Band „Funktionen in Anwendungen“ (dort Lektionen 11 – 13).

Autor der Lektionen 1, 2, 3: Wolfgang Fraunholz
Autorin der Lektionen 4, 5, 6: Christel Liefke

4. Auflage 2007

Umschlag (Konzeption): Daniela Eisenreich, München

Grafiken: S. 27: Franziska-Schob-Bergmeir, München
Alle übrigen Grafiken: Wolfgang Meir, München

Gesamtherstellung: Druckerei Gebr. Bremberger GmbH & Co. KG, Unterschleißheim

Inhaltsverzeichnis

Liebe Teilnehmerinnen und Teilnehmer am Telekolleg,

Die Mathematik ist gar nicht so unverständlich, wie manche Leute meinen. Wir hoffen, daß auch Sie dies bald feststellen werden, falls Sie bislang anderer Meinung waren. Ja, wir hoffen, daß Ihnen die Mathematik einigen Spaß macht. Gerade hier kann man ja seine Erfolge verhältnismäßig leicht selbst erkennen. Wir wünschen Ihnen viele Erfolgserlebnisse. Die Bücher sollen Ihnen dabei helfen.

Der erste Band des Mathematik-Kurses beschäftigt sich mit der Algebra, das heißt hauptsächlich mit linearen und nicht-linearen Gleichungssystemen, quadratischen Gleichungen und quadratischen Funktionen. Wir gehen davon aus, daß Sie die Inhalte der Algebra schon aus Ihrer Schulzeit kennen und daher viel Bekanntes finden werden, wenn auch manchmal in einer neuen Art der Darstellung. In dieser Darstellung wurde besonderer Wert auf die algebraischen Verfahren gelegt, die Sie im folgenden in der Vektor- und Matrizenrechnung und der Analysis brauchen werden. Es wird also die Rede von Funktionen und ihren graphischen Darstellungen sowie von Gleichungen und ihren Lösungen sein.

Um Ihnen die Arbeit mit diesem Buch zu erleichtern, wurde die nachfolgend beschriebene Darstellungsweise gewählt.

1. Jede Lektion beginnt mit einem Abschnitt *„Vor der Sendung“*. Dieser gibt Ihnen Hinweise auf die Inhalte der Fernsehsendung und weist auf die wichtigen Vorkenntnisse hin, die Sie bei der Betrachtung der Sendung und zum Durcharbeiten des Textes im Buch benötigen.

2. Die *„Übersicht“* zeigt Ihnen jeweils die Ziele der Lektion und gibt Ihnen an, in welche Abschnitte die Lektion gegliedert ist. Die wichtigen Begriffe sind in Fettdruck hervorgehoben. Sie können daher diese Übersicht bei einer späteren Wiederholung (etwa vor den Prüfungen) verwenden, um sich rasch wieder einen Überblick über die Inhalte zu verschaffen.

3. In den Text der Lektionen sind *Aufgaben* eingestreut, die Sie an der jeweiligen Stelle berechnen sollen. So können Sie sich direkt vergewissern, ob Sie den Sachverhalt verstanden haben. Die Bestätigung für Ihre Lösung können Sie dann im *Lösungsteil* hinten im Buch finden. Der rote Pfeil mit der Nummer im Kreis, zum Beispiel → ⑦ , zeigt Ihnen, wo Sie die Lösung finden. In diesem Fall unter der Nummer 7 zu Beginn des Lösungsteils der betreffenden Lektion. Aufgaben, die eine graphische Darstellung verlangen, zeichnen Sie bitte auf Millimeterpapier. Im Lösungsteil finden Sie eine verkleinerte Darstellung des gesuchten Graphen. Es ist nicht schlimm, wenn Sie das eine oder andere Mal die Lösung nicht richtig herausbekommen: Schauen Sie dann hinten im Buch nach und überlegen Sie, warum die Lösung so lauten muß.

4. Jede Lektion ist in drei bis sechs *Abschnitte* gegliedert. Wenn Sie es einrichten können, bearbeiten Sie jeden Tag ein oder zwei dieser Abschnitte und verteilen somit die Arbeit über einen längeren Zeitraum. Dies ist günstiger, als die ganze Lektion an einem Tag durcharbeiten zu wollen.

5. Zu jedem Abschnitt der Lektionen finden Sie *Aufgaben*. Mit diesen Aufgaben können Sie Ihr Wissen und Können überprüfen und herausfinden, was Sie wiederholen sollten. Sie brauchen diese Aufgaben natürlich nicht alle zu lösen (siehe „Hinweise im Blick auf die Prüfung“). Es ist nützlich, auch mehrere Wochen nach dem Durcharbeiten einer Lektion nochmals einige Aufgaben dazu zu rechnen und damit zu kontrollieren, ob man diese noch beherrscht. Dafür sind jeder Lektion die *Wiederholungsaufgaben* angefügt.
   Ihre Lösungen der Aufgaben sollten Sie in ein großes Heft schreiben, in dem sie Ihre Rechnungen auch bei einer späteren Wiederholung leicht wiederfinden können. Für einige Aufgaben brauchen Sie einen Taschenrechner.

6. Grundlegendes aus der Mathematik wird für das Telekolleg vorausgesetzt. Sie haben solche grundlegenden Rechentechniken in der Schule gelernt und kennen Sie sicher noch. Wenn Sie aber diese Rechentechniken bei Bedarf nachschlagen oder wiederholen und in kurzer Zeit evtl. Vergessens auffrischen möchten, finden Sie einige wichtige Verfahren in der Lernsoftware *„Grundlegende Rechentechniken“*. Dieses Lernprogramm bietet die Möglichkeit, sich die Verfahren ausführlich zeigen zu lassen und Aufgaben interaktiv am Computer zu lösen.

Nun wünschen wir Ihnen einen guten Erfolg beim Telekolleg!

Wolfgang Fraunholz Christel Liefke

Hinweise im Blick auf die Prüfung

Bei der Mathematik-Prüfung am Ende des Telekollegs werden Sie niemals in die Verlegenheit kommen, einen Beweis führen oder eine Formel herleiten zu müssen. Entscheidend ist, daß Sie mit den Formeln *rechnen* können. Dennoch haben wir bei der Darstellung des Stoffes nicht auf Beweise und Herleitungen verzichtet, denn die Formeln können erst dann sinnvoll eingesetzt werden, wenn man gesehen hat, wie sie zustande kommen. Die Anwendung einiger Verfahren lernt man nur bei ihrer Herleitung. Lesen Sie also den Beweis oder die Herleitung beim ersten Durcharbeiten der Lektion gründlich durch; bei der Wiederholung können Sie dann auf diese Passage verzichten.

Sie müssen nicht alle Aufgaben rechnen, die in diesem Band abgedruckt sind.

Wenn Sie beispielsweise von einer Aufgabe 4. die Teilaufgaben a) und b) gerechnet und richtig gelöst haben, können Sie sich c), d), e) und f) schenken. Vielleicht lösen Sie diese Aufgaben bei einer Wiederholung vor der Prüfung. Hören Sie also auf zu rechnen, wenn Sie meinen, daß Sie das Verfahren beherrschen.

Wenn Sie aber noch ein bißchen üben möchten, haben Sie noch einige Möglichkeiten.
Nicht nur Teilaufgaben, auch ganze Aufgaben sind manchmal ein Zusatzangebot, das Sie nicht wahrnehmen müssen. Diese Aufgaben sind mit einem Sternchen gekennzeichnet (z.B. *5.).

Zum Lernen der Verfahren und zum interaktiven Üben von Aufgaben können Sie auf die Lernsoftware *„Algebra“* zurückgreifen. Dieses Lernprogramm stellt neben vielen anderen Inhalten zur Algebra die im Buch „Algebra“ behandelten Verfahren genau vor und bietet eine Fülle von Übungsaufgaben, an denen Sie Ihr Wissen und das Beherrschen der Verfahren erproben und vertiefen können.

1. Graphische Lösung von Gleichungssystemen

1

Vor der Sendung

In den folgenden Lektionen werden Systeme von mehreren Gleichungen betrachtet und Lösungen für solche Systeme gesucht. Man geht zunächst von linearen Funktionen aus. Sie sollten daher Ihre Kenntnisse über die linearen Funktionen parat haben. In der Fernsehsendung lernen Sie Sachprobleme kennen, die sich mit zwei linearen Funktionen beschreiben lassen. Der Vergleich der Graphen zweier solcher Funktionen zeigt, daß diese einen Schnittpunkt haben können. Achten Sie darauf, welche Bedeutung ein solcher Schnittpunkt haben kann.

Übersicht

1. Der Vergleich der Graphen zweier linearer Funktionen zeigt, daß diese einen **Schnittpunkt** haben können. Da der Schnittpunkt auf jedem der beiden Funktionsgraphen liegt, erfüllen seine Koordinaten beide Funktionsgleichungen. Mit der **Punktprobe** läßt sich dies überprüfen. Die Koordinaten des Schnittpunktes lassen sich auch rechnerisch ermitteln. Unter einem linearen 2 x 2 - Gleichungssystem versteht man ein **System von zwei linearen Gleichungen** mit je zwei Variablen. Die Gleichungen sind durch „**und**" miteinander verknüpft.

2. Die Lösungsmenge *einer* Gleichung mit zwei Variablen ist die Menge aller Zahlenpaare $(x \mid y)$, die die Gleichung erfüllen. Die **Lösungen des Gleichungs*systems*** sind die Zahlenpaare, die die erste und die zweite Gleichung erfüllen. Faßt man jede der beiden Gleichungen als eine Funktion auf, so werden die Lösungen des Systems durch die **Schnittpunkte der Graphen** der beiden Funktionen dargestellt.

3. Da die graphische Lösungsmethode für Gleichungssysteme wegen der eingeschränkten Zeichengenauigkeit oft nur ungefähre Werte liefert, sucht man eine **rechnerische Methode**: Man stellt für die beiden Bedingungen je eine Funktionsgleichung in der Form $y = f(x)$ auf und setzt die Funktionsterme gleich.

4. Es gibt Sachprobleme, die zu einem **unlösbaren Gleichungssystem** führen, und auch solche, die **unendlich viele Lösungen** haben.

1.1 Vergleich zweier linearer Funktionen

Aus der Fernsehsendung kennen Sie das folgende Problem. Auf welche Weise kommt man preisgünstiger zum Flughafen: mit einem Taxi oder mit einem Ein-Weg-Mietwagen? Das Taxi kostet 3,60 DM Grundgebühr und 2,00 DM pro Kilometer. Der Mietwagen kostet 75,00 DM Grundgebühr und 0,95 DM pro Kilometer.
Klar ist sofort, daß das Taxi bei geringen Entfernungen, der Mietwagen bei großen Entfernungen günstiger ist. Wie aber ist es bei einer mittleren Entfernung?
Bezeichnet man die Fahrtkosten mit y und die Anzahl der Kilometer mit x, so gilt
für das Taxi $y_T = 3{,}60 + 2{,}00 \cdot x$ und
für den Mietwagen $y_M = 75{,}00 + 0{,}95 \cdot x$.

Beide Gleichungen stellen lineare Funktionen dar, die für $x \in \mathbb{R}$ definiert sind. Hier sind nur Werte aus $\mathbb{R}_+$ interessant, da keine negativen Kilometer gefahren werden und auch keine negativen Geldbeträge bezahlt werden. Für beide Funktionen kann man sich die Graphen aufzeichnen.

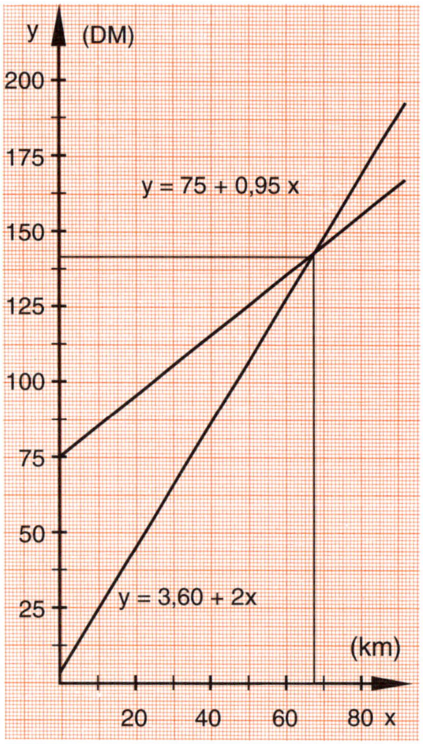

Man erhält das nebenstehende Bild. Daraus kann man ablesen, daß bis zu einer Entfernung zwischen 60 und 70 km die Taxifahrt günstiger ist als die Fahrt mit dem Mietwagen. Bei größerer Entfernung ist der Mietwagen günstiger. Der Schnittpunkt der Graphen gibt die Stelle an, an der beide Transportmittel die gleichen Kosten verursachen: Der Schnittpunkt $S\ (x_S \mid y_S)$ liegt auf beiden Geraden, seine Koordinaten müssen beide Funktionsgleichungen erfüllen.

$y_S = 3{,}6 + 2 \cdot x_S$ **und** $y_S = 75 + 0{,}95 \cdot x_S$

Anders ausgedrückt: Die Funktionsterme beider Funktionen müssen an der Stelle x_S gleich sein. Um den Wert von x_S auszurechnen, kann man also die beiden Funktionsterme gleichsetzen:

$$\begin{aligned} 3{,}6 + 2 \cdot x &= 75 + 0{,}95 \cdot x && \mid -0{,}95\,x - 3{,}6 \\ 2\,x - 0{,}95\,x &= 75 - 3{,}6 \\ 1{,}05\,x &= 71{,}4 && \mid : 1{,}05 \\ x &= 68 \end{aligned}$$

Bei 68 km Entfernung sind also beide Verkehrsmittel gleich teuer. Wie hoch sind bei dieser Entfernung die Kosten? Zur Berechnung dieser Kosten muß man 68 in eine der ursprünglichen Gleichungen einsetzen:

$$\begin{aligned} y &= 3{,}6 + 2 \cdot 68 \\ y &= 139{,}60 \end{aligned}$$

Die Kosten für 68 km sind daher bei beiden Verkehrsmitteln jeweils 139,60 DM. Daß das gefundene Zahlenpaar $(68 \mid 139{,}6)$ auch die andere Gleichung erfüllt, prüft man durch die **Punktprobe**, indem man die Werte in die andere Gleichung einsetzt:

$$\begin{aligned} y &= 75 + 0{,}95 \cdot x \\ 139{,}6 &= 75 + 0{,}95 \cdot 68 \\ 139{,}6 &= 75 + 64{,}6 \\ 139{,}6 &= 139{,}6 \end{aligned}$$

Die Frage, auf welchem Wege man bestimmt, ab welcher km-Zahl der Mietwagen günstiger als das Taxi ist, hat also zu dem Ergebnis geführt, daß man zwei Gleichungen mit den beiden Variablen x und y betrachten und ein Zahlenpaar $(x_S \mid y_S)$ suchen muß, das beide Gleichungen gleichzeitig erfüllt. Wenn es ein solches Zahlenpaar gibt, spricht man von einem **Gleichungssystem aus zwei Gleichungen mit zwei Variablen** und nennt das Zahlenpaar, das beide Gleichungen gleichzeitig erfüllt, die Lösung des Gleichungssystems.

Ein zweites Beispiel: Eine Familie mit zwei Erwachsenen und zwei Kindern (6 und 9 Jahre) will prüfen, ob die Anreise zum Flughafen günstiger mit einem Ein-Weg-Mietwagen oder mit der Bahn durchgeführt wird. Sie vergleicht dazu einen besonders günstigen Mietwagentarif (75 DM Grundgebühr, 0,50 DM pro Kilometer) mit den Preisen des Sonderangebots „Rail & Fly". Die Bahn bietet an:

Stufe 1 - bis 251 km	2. Klasse
Einzelreisende	DM 90,--
jede weitere Person	DM 45,--
mitreisende Kinder je Kind von 4 bis 11	DM 10,--

Stufe 2 - ab 252 km	2. Klasse
Einzelreisende	DM 127,--
jede weitere Person	DM 64,--
mitreisende Kinder je Kind von 4 bis 11	DM 10,--

1

Schreibt man wieder x für die Anzahl der Kilometer und y für die Kosten in DM, dann werden die Bahnkosten für die Familie durch die folgende Funktionsgleichung (einer abschnittweise definierten Funktion) beschrieben:

$$y = \begin{cases} 155 & \text{für } 0 \leq x \leq 251 \\ 211 & \text{für } x > 251 \end{cases}$$

Die Funktionsgleichung für den Mietwagen lautet

$$y = 75 + 0{,}5\,x \quad \text{für } x \geq 0$$

An den Graphen der beiden Funktionen kann man wieder ablesen, in welchen Bereichen die Bahn bzw. der Mietwagen günstiger ist.

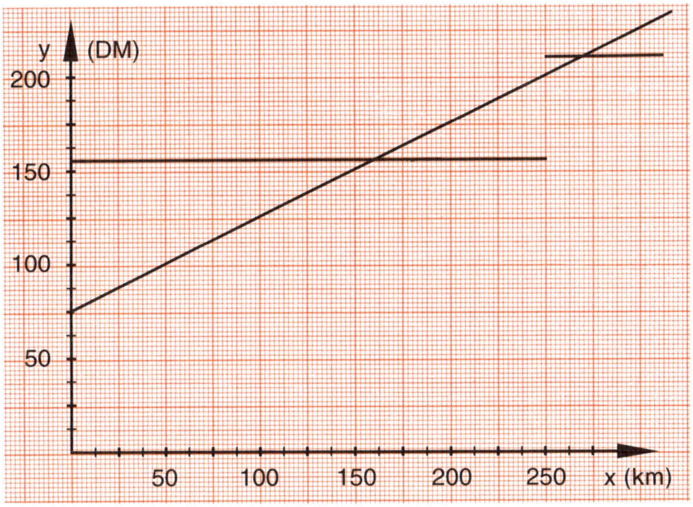

An der Zeichnung erkennt man zwei Schnittpunkte. Rechnerisch kann man die Punkte bestimmen, an denen die gleichen Kosten für Bahn und Mietwagen entstehen. Man setzt die Funktionsterme gleich:
Für den ersten Punkt:
$75 + 0{,}5\,x = 155$
Für den zweiten Punkt:
$75 + 0{,}5\,x = 211$

Die Rechnung verläuft jetzt so:

Für den ersten Punkt:

$$\begin{aligned} 75 + 0{,}5\,x &= 155 \quad | -75 \\ 0{,}5\,x &= 80 \quad | \cdot 2 \\ x &= 160 \end{aligned}$$

Für den zweiten Punkt:

$$\begin{aligned} 75 + 0{,}5\,x &= 211 \quad | -75 \\ 0{,}5\,x &= 136 \quad | \cdot 2 \\ x &= 272 \end{aligned}$$

Die y -Werte sind ja fest, nämlich $y = 155$ und $y = 211$.
Die Lösungen sind die Zahlenpaare $(160 \,|\, 155)$ und $(272 \,|\, 211)$.
Ob die zu diesen Zahlenpaaren gehörigen Punkte tatsächlich auch auf der Geraden für den Mietwagen liegen, läßt sich wieder durch die Punktprobe überprüfen. Man setzt die Werte in die Gleichung $y = 75 + 0{,}5\,x$ ein:

Für das erste Zahlenpaar ergibt sich:

$$\begin{aligned} y &= 75 + 0{,}5 \cdot x \\ 155 &= 75 + 0{,}5 \cdot 160 \\ 155 &= 75 + 80 \\ 155 &= 155 \end{aligned}$$

Für das zweite Zahlenpaar ergibt sich:

$$\begin{aligned} y &= 75 + 0{,}5 \cdot x \\ 211 &= 75 + 0{,}5 \cdot 272 \\ 211 &= 75 + 136 \\ 211 &= 211 \end{aligned}$$

Aufgaben zu 1.1

1. Für die geplante Busfahrt eines Kegelklubs bietet das Omnibusunternehmen A an: 60,00 DM Grundgebühr und 1,50 DM für jeden gefahrenen Kilometer. Das Omnibusunternehmen B offeriert: 90,00 DM Grundgebühr und 0,90 DM für jeden gefahrenen Kilometer. Bei welcher Kilometerzahl sind die beiden Angebote gleich günstig? Lösen Sie diese Aufgabe graphisch und rechnerisch. Machen Sie die Probe.

2. Bei den Tarifverhandlungen wird von zwei Möglichkeiten gesprochen: a) 4 % Lohnerhöhung und zusätzlich ein Sockelbetrag von 50 DM, b) 6 % Lohnerhöhung ohne Sockelbetrag. Für welche Lohnempfänger ist die erste, für welche die zweite Möglichkeit günstiger? (Graphische und rechnerische Lösung)

1.2 Graphische Lösung von Gleichungssystemen

Das folgende Problem entspricht dem zweiten Beispiel aus der Fernsehsendung: Die Damen des Gymnastikklubs „Erwachende Blüten" planen ihren Jahresausflug. Im Prospekt des Hotels Alpenrose finden sie die Angabe: 39 Zimmer mit insgesamt 70 Betten. Es stellt sich die Frage, ob das Hotel auch Einzelzimmer hat und wenn ja, wieviele.

Hätte das Hotel lauter Doppelzimmer, so müßten es 78 Betten sein, hätte es lauter Einzelzimmer, so wären es 39 Betten. Die tatsächliche Verteilung liegt also irgendwo dazwischen. Das Problem läßt sich lösen, wenn man die Bedingungen in mathematischer Form notiert. Nennt man die Anzahl der Doppelzimmer x und die Anzahl der Einzelzimmer y, so kann man die Angaben aus dem Prospekt folgendermaßen schreiben:

Anzahl der Doppelzimmer	+	Anzahl der Einzelzimmer	=	Gesamtzahl der Zimmer	
x	+	y	=	39	(1)
Anzahl der Betten in Doppelzimmern	+	Anzahl der Betten in Einzelzimmern	=	Gesamtzahl der Betten	
$2x$	+	y	=	70	(2)

Beide Gleichungen lassen sich als Funktionen in der Form $y = f(x)$ schreiben:

$$y = 39 - x \qquad (1)$$
$$y = 70 - 2x \qquad (2)$$

Wenn nichts Besonderes gesagt wird, soll künftig für Funktionen stets die Definitionsmenge IR der reellen Zahlen gelten. Diese beiden Funktionen sind jedoch auf der Definitionsmenge IN zu betrachten, da es keine Bruchteile von Zimmern oder von Betten gibt. Stellt man für eine Funktion eine Wertetabelle auf, so erhält man die Zahlenpaare, die die Funktionsgleichung erfüllen.

Berechnen Sie die Wertetabelle für die Funktionsgleichung (1) für $x = 0$ bis $x = 10$. → ①

Für die Wertetabelle der Funktionsgleichung (2) ergibt sich:

x	0	1	2	3	4	.....	31	32	33	34	35
y = 70 – 2x	70	68	66	64	62	.....	8	6	4	2	0

Die Menge der Zahlenpaare, die die Funktionsgleichung (2) erfüllen, nennt man die Lösungsmenge L_2 der Gleichung. Hier ist also

$L_2 = \{(0|70), (1|68), (2|66), (3|64), \ldots, (31|8), (32|6), (33|4), (34|2), (35|0)\}$.

Für die Funktionsgleichung (1) haben Sie einige Paare berechnet. Die Lösungsmenge ist

$L_1 = \{(0|39), (1|38), (2|37), \ldots, (31|8), (32|7), (33|6), \ldots, (38|1), (39|0)\}$.

Ein Zahlenpaar steht in beiden Lösungsmengen: $(31|8)$ ist die Lösung des Gleichungssystems aus den beiden Gleichungen.

Zusammenfassend kann man festhalten:

Die Zahlenpaare, die eine Gleichung mit zwei Variablen erfüllen, bilden die **Lösungsmenge** der Gleichung.
Die Zahlenpaare, die gleichzeitig zwei Gleichungen mit zwei Variablen erfüllen, heißen die **Lösungen des Gleichungssystems** aus zwei Gleichungen.

Lassen sich die Bedingungen, die in einem Sachproblem gegeben sind, mit zwei Funktionsgleichungen der Form $y = f(x)$ beschreiben, so kann man das Problem graphisch lösen:
Man stellt die beiden Gleichungen des Gleichungssystems auf und zeichnet die Graphen der beiden Funktionen. Der Schnittpunkt der beiden Graphen gibt das Zahlenpaar an, das die Lösung des Gleichungssystems ist, wobei mehrere Schnittpunkte mehrere Lösungen bedeuten.

Für das Sachproblem der Doppel- und Einzelzimmer hat man die beiden Funktionsgleichungen

$$y = 39 - x$$

und $$y = 70 - 2x \quad ,$$

die das Gleichungssystem bilden.
Man zeichnet die beiden Graphen der Funktionen. In diesem Fall sind dies zwei Geraden, deren Schnittpunkt bei $(31 \mid 8)$ liegt. Das Zahlenpaar $(31 \mid 8)$ ist also Lösung des Gleichungssystems.
Man schreibt dies auch in der Form

$$\left| \begin{array}{l} x = 31 \\ y = 8 \end{array} \right| .$$

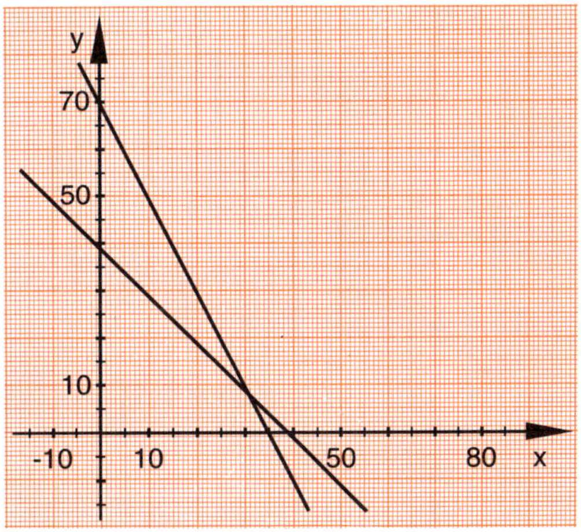

Das Hotel hat 31 Doppelzimmer und 8 Einzelzimmer.

Ein weiteres Beispiel: Ein Wanderer (1) geht vom Ort A in Richtung B. Ein zweiter (2) geht von B nach A. Die Entfernung der Orte beträgt 33 km. Der Wanderer, der von A aufbricht, legt in der Stunde 5 km zurück. Der Wanderer, der zur selben Zeit von B weggeht, legt in der Stunde 6 km zurück. Wann und wo treffen sich die beiden?
Bezeichnet man die Zeit mit x und die Entfernung mit y, so lassen sich die Funktionsgleichungen aufstellen. Der Ort A liege bei 0 km, der Ort B bei 33 km.
Für den Wanderer (1) gilt $y = 5 \cdot x$,
für den Wanderer (2) gilt $y = 33 - 6 \cdot x$,
da er zur Zeit 0 in B ist, also am Ort 33 km, und in die entgegengesetzte Richtung wie Wanderer (1) geht.
Nun zeichnet man die Graphen der beiden Funktionen und bestimmt den Schnittpunkt mit den Koordinaten $(3 \mid 15)$. Die beiden Wanderer treffen sich nach 3 Stunden 15 km von A entfernt. Die Lösung ist

$$\left| \begin{array}{l} x = 3 \\ y = 15 \end{array} \right| .$$

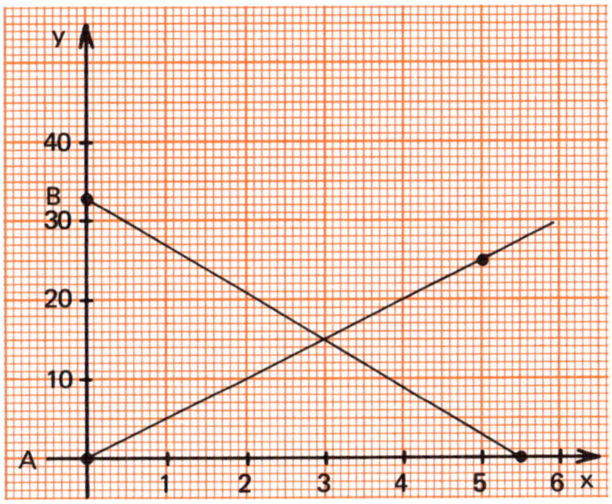

Aufgaben zu 1.2

Lösen Sie die folgenden Aufgaben graphisch. Machen Sie jeweils die Probe, indem Sie die gefundenen Werte für x und y in die beiden aufgestellten Gleichungen einsetzen.

1. Ein Wanderer geht um 9^{00} Uhr in A weg. In der Stunde legt er 4,5 km zurück. Ein Radfahrer startet um 9^{50} Uhr ebenfalls in A und fährt dem Wanderer nach. Seine Geschwindigkeit ist $12\,\frac{\text{km}}{\text{Std.}}$. Nach wieviel Stunden und wieweit von A entfernt holt der Radfahrer den Wanderer ein?

*2. Der Schnelldampfer auf dem Rhein fährt um 7^{00} Uhr in Köln ab und ist um 13^{50} Uhr im 100 km entfernten Koblenz. Das Tragflügelboot Rheinpfeil verläßt Köln um 9^{00} Uhr und kommt um 11^{00} Uhr in Koblenz an. Nach wieviel Kilometern überholt das Tragflügelboot den Schnelldampfer?

3. Für eine Reisegruppe von 16 Personen stehen für eine Übernachtung 6 Zimmer zur Verfügung. Wieviele können als Zweibett- und wieviele müssen als Dreibettzimmer belegt werden?

1.3 Das Gleichsetzungsverfahren

Wegen der Ungenauigkeit von Zeichnungen liefert das graphische Lösungsverfahren nicht immer den exakten Wert der Lösung eines Gleichungssystems. Daher sucht man einen rechnerischen Weg. Hat man die beiden Gleichungen des Gleichungssystems gefunden (oder sind sie gegeben), dann kann man die Lösung nach folgendem Verfahren ermitteln.

$$\begin{aligned} -3x + y &= 10 \quad (1) \\ 2x + y &= 5 \quad (2) \end{aligned}$$

↓ Man stellt beide Gleichungen als Funktionsgleichungen der Form y = f(x) dar.

$$\begin{aligned} y &= 3x + 10 \quad (1) \\ y &= -2x + 5 \quad (2) \end{aligned}$$

↓ Man setzt die Funktionsterme, das heißt die rechten Seiten der beiden Gleichungen, gleich.

$$3x + 10 = -2x + 5$$

↓ Man löst die erhaltene Gleichung mit einer Variablen nach x auf.

$$x = -1$$

↓ Man setzt den x-Wert in eine der obigen Gleichungen ein.

$$y = 3 \cdot (-1) + 10$$

↓ Man berechnet y.

$$y = 7$$

↓ Man führt die Probe aus.

$$\begin{aligned} -3 \cdot (-1) + 7 &= 10 \\ 2 \cdot (-1) + 7 &= 5 \end{aligned}$$

Für die Lösung von Gleichungssystemen verwendet man häufig folgende übersichtliche Schreibweise. (Die seitlichen Längsstriche machen deutlich, daß die beiden Gleichungen ein Gleichungs*system* bilden.)

$\left\| \begin{array}{rcl} -3x + y &=& 4 \\ 10x - 2y &=& 8 \end{array} \right\|$	$\begin{array}{l} \mid +3x \\ \mid -10x \end{array}$	Man rechnet in die Form $y = f(x)$ um.
$\left\| \begin{array}{rcl} y &=& +3x + 4 \\ -2y &=& -10x + 8 \end{array} \right\|$	$\begin{array}{l} \\ \mid :(-2) \end{array}$	
$\left\| \begin{array}{rcl} y &=& 3x + 4 \\ y &=& 5x - 4 \end{array} \right\|$		Man setzt die Terme auf den rechten Seiten gleich.
$\left\| \begin{array}{rcl} 3x + 4 &=& 5x - 4 \\ y &=& 5x - 4 \end{array} \right\|$	$\mid -5x - 4$	Um deutlich zu machen, daß es sich nach wie vor um ein Gleichungs*system* handelt, und weil die zweite Variable durch Einsetzen in eine der Gleichungen ermittelt werden muß, führt man eine der beiden Gleichungen, z. B. die zweite, weiter mit.
$\left\| \begin{array}{rcl} -2x &=& -8 \\ y &=& 5x - 4 \end{array} \right\|$	$\mid :(-2)$	
$\left\| \begin{array}{rcl} x &=& 4 \\ y &=& 5x - 4 \end{array} \right\|$		Man setzt den für x gefundenen Wert in die zweite Gleichung ein.
$\left\| \begin{array}{rcl} x &=& 4 \\ y &=& 5 \cdot 4 - 4 \end{array} \right\|$		
$\left\| \begin{array}{rcl} x &=& 4 \\ y &=& 16 \end{array} \right\|$		Man erhält die Lösung.

Das Zahlenpaar $(4 \mid 16)$ ist die Lösung des Gleichungssystems.

Lösen Sie mit diesem Verfahren das Gleichungssystem (aus der Fernsehsendung)

$$\left| \begin{array}{rcl} 4x - 2y &=& 5 \\ 3x + 6y &=& 30 \end{array} \right|$$

→ ②

Zusammenfassend kann man festhalten:

> Ein 2 x 2 - Gleichungssystem ist ein System aus zwei Gleichungen mit zwei Variablen .

> Ein lineares 2 x 2 - Gleichungssystem ist ein System aus zwei linearen Gleichungen mit zwei Variablen. In einer linearen Gleichung dürfen die Variablen höchstens in der 1. Potenz vorkommen.

> Lassen sich die beiden Gleichungen eines 2 x 2 - Gleichungssystems in die Form $y = f(x)$ bringen, so kann das Gleichsetzungsverfahren angewendet werden. Dazu setzt man die beiden Terme rechts vom Gleichheitszeichen gleich und löst die so entstehende Gleichung mit einer Variablen. Durch Einsetzen des ermittelten Wertes in eine der ursprünglichen Gleichungen erhält man den Wert für die zweite Variable. Das Paar aus den ermittelten Werten ist die Lösung des Gleichungssystems.

Wenn nichts anderes vermerkt ist, wird stets die Menge IR (reelle Zahlen) zugrunde gelegt.

Aufgaben zu 1.3

Lösen Sie die folgenden Gleichungssysteme.

1\. a) $\left| \begin{array}{l} y = 2x - 3 \\ y = 3x - 8 \end{array} \right|$ b) $\left| \begin{array}{l} y = -4x + 23 \\ y = 3x - 12 \end{array} \right|$ c) $\left| \begin{array}{l} x + y = 10 \\ x - y = 4 \end{array} \right|$

2\. a) $\left| \begin{array}{l} 3x - 8y = 49 \\ 5x + 2y = 5 \end{array} \right|$ b) $\left| \begin{array}{l} 5x + 4y = 19 \\ 3x - 2y = 7 \end{array} \right|$ c) $\left| \begin{array}{l} 3x - 2y - 5 = 0 \\ x - 2y - 6 = 0 \end{array} \right|$

*3. Lösen Sie die beiden Gleichungssysteme von Seite 11 rechnerisch.

1.4 Sonderfälle linearer Gleichungssysteme

Aus der Fernsehsendung kennen Sie das Problem: Ein Versandhaus will ein Geschenkset aus Kerzen und Kerzenhaltern zusammenstellen.

Die Nettokosten des Sets sollen 8,40 DM betragen, das Gewicht soll wegen der Portogebühren 420 g sein.

Die Tabelle zeigt die Nettopreise und Gewichte. Wieviele Kerzen und wieviele Ständer sollen in ein Set gepackt werden?

	1 Kerze	1 Ständer	Gesamt
Kosten in DM	0,24	0,56	8,40
Gewicht in g	9	21	420

Bezeichnet man die Anzahl der Kerzen mit x und die Anzahl der Ständer mit y, so müssen die folgenden Gleichungen gelten:

für die Kosten $0{,}24 \cdot x + 0{,}56 \cdot y = 8{,}40$

für das Gewicht $9 \cdot x + 21 \cdot y = 420$

Die Lösung dieses Gleichungssystems ergibt:

$$\left| \begin{array}{rcl} 0{,}24x + 0{,}56y &=& 8{,}40 \\ 9x + 21y &=& 420 \end{array} \right| \quad \begin{array}{l} \mid -0{,}24x \\ \mid -9x \end{array}$$

$$\left| \begin{array}{rcl} 0{,}56y &=& -0{,}24x + 8{,}40 \\ 21y &=& -9x + 420 \end{array} \right| \quad \begin{array}{l} \mid : 0{,}56 \\ \mid : 21 \end{array}$$

$$\left| \begin{array}{rcl} y &=& -\frac{0{,}24}{0{,}56}x + \frac{8{,}40}{0{,}56} \\ y &=& -\frac{9}{21}x + \frac{420}{21} \end{array} \right|$$

$$\left| \begin{array}{rcl} y &=& -\frac{3}{7}x + 15 \\ y &=& -\frac{3}{7}x + 20 \end{array} \right| \quad \begin{array}{l} \\ \mid \text{Gleichsetzen} \end{array}$$

$$\left| \begin{array}{rcl} -\frac{3}{7}x + 15 &=& -\frac{3}{7}x + 20 \\ y &=& -\frac{3}{7}x + 20 \end{array} \right| \quad \begin{array}{l} \mid +\frac{3}{7}x - 15 \\ \\ \end{array}$$

$$\left| \begin{array}{rcl} 0 &=& 5 \\ y &=& -\frac{3}{7}x + 20 \end{array} \right|$$

$0 = 5$ stellt offensichtlich einen Widerspruch dar. Was bedeutet diese Gleichung? Eigentlich ja $0 \cdot x = 5$. Man suche eine Zahl x, die mit 0 multipliziert 5 ergibt. Eine solche Zahl gibt es nicht. Das heißt: Das Gleichungssystem hat keine Lösung.

Sie können sich dieses Ergebnis auch graphisch klar machen. Dazu zeichnet man die Graphen der beiden Funktionen

$$y = -\frac{3}{7}x + 15$$

$$y = -\frac{3}{7}x + 20$$

in ein Koordinatensystem und sucht nach dem Schnittpunkt der entstehenden Geraden. Sie erkennen an der Zeichnung rechts, daß die beiden Geraden parallel sind, also keinen Schnittpunkt haben.

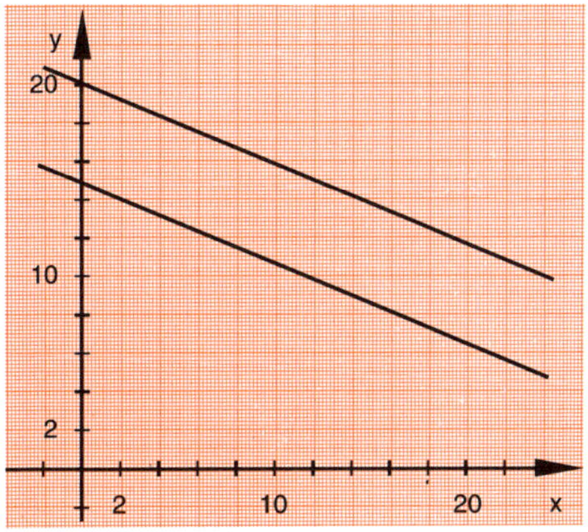

Die Parallelität zweier Geraden können Sie bereits an den Funktionsgleichungen $y = mx + c$ ablesen. Für die Richtung der Geraden ist ja die Steigung m maßgebend.
Haben zwei Geradengleichungen dieselbe Steigung, dann sind die Geraden parallel.

Ein weiteres Beispiel: Zwei Zahlen unterscheiden sich um 1. Subtrahiert man vom Doppelten der größeren Zahl das Doppelte der kleineren, so ergibt sich 6.

Nennt man die größere Zahl y und die kleinere x, so werden die beiden genannten Bedingungen durch folgende Gleichungen beschrieben:

$$\left| \begin{aligned} y - x &= 1 \\ 2y - 2x &= 6 \end{aligned} \right| \quad \begin{aligned} &| + x \\ &| + 2x \end{aligned}$$

$$\left| \begin{aligned} y &= x + 1 \\ 2y &= 2x + 6 \end{aligned} \right| \quad \begin{aligned} & \\ &| : 2 \end{aligned}$$

$$\left| \begin{aligned} y &= x + 1 \\ y &= x + 3 \end{aligned} \right|$$

$$\left| \begin{aligned} x + 1 &= x + 3 \\ y &= x + 3 \end{aligned} \right| \quad \begin{aligned} &| - x - 1 \\ & \end{aligned}$$

$$\left| \begin{aligned} 0 &= 2 \\ y &= x + 3 \end{aligned} \right|$$

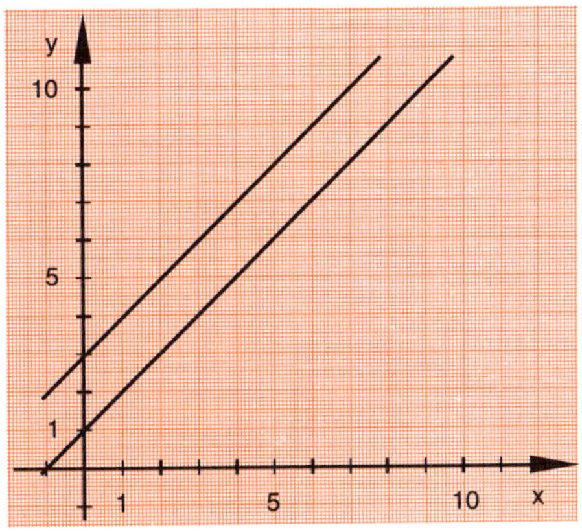

Die Zeichnung der Graphen (vgl. rechts oben) zu $y = x + 1$ und $y = x + 3$ liefert zwei zueinander parallele Geraden, die selbstverständlich keinen Schnittpunkt haben.
Auch hier erkennen Sie an der Steigung in den Geradengleichungen, daß die Graphen parallele Geraden sein müssen. Die Steigung m ist in beiden Fällen gleich 1. Die y-Achsenabschnitte sind allerdings verschieden: $b_1 = 1$ und $b_2 = 3$. Die Geraden gehen an der Stelle 1 bzw. an der Stelle 3 durch die y-Achse.

Das Gleichungssystem hat keine Lösung. (Dies hätte man natürlich der Aufgabenstellung schon ansehen können, denn wenn zwei Zahlen sich um eins unterscheiden, dann müssen ihre doppelten Werte sich um zwei unterscheiden.)

Ändert man nun die Bedingung so, wie es der Satz in der Klammer angibt, also: „Zwei Zahlen unterscheiden sich um 1. Subtrahiert man vom Doppelten der größeren Zahl das Doppelte der kleineren, so ergibt sich 2.“, dann ergeben sich die Gleichungen, wie sie auf der nächsten Seite angegeben sind.

$$\left|\begin{array}{rcl} y - x &=& 1 \\ 2y - 2x &=& 2 \end{array}\right| \begin{array}{l} | + x \\ | + 2x \end{array}$$

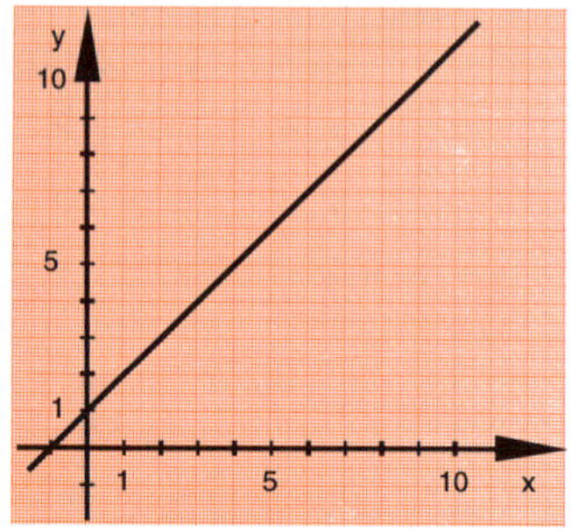

$$\left|\begin{array}{rcl} y &=& x + 1 \\ 2y &=& 2x + 2 \end{array}\right| \begin{array}{l} \\ | : 2 \end{array}$$

$$\left|\begin{array}{rcl} y &=& x + 1 \\ y &=& x + 1 \end{array}\right|$$

$$\left|\begin{array}{rcl} x + 1 &=& x + 1 \\ y &=& x + 1 \end{array}\right| \begin{array}{l} | - x - 1 \\ \end{array}$$

$$\left|\begin{array}{rcl} 0 &=& 0 \\ y &=& x + 1 \end{array}\right|$$

Da beide Gleichungen $y = x + 1$ lauten, haben sie dieselbe Gerade als Graphen. Das heißt: alle Zahlenpaare, die die eine Gleichung erfüllen, erfüllen auch die andere Gleichung. Dies zeigt auch das rechnerische Ergebnis: Die Gleichung $0 = 0$ bzw. $0 \cdot x = 0$ erfüllen alle Zahlen $x \in \mathbb{R}$. Lösungen dieses Gleichungssystems sind alle Zahlenpaare $(x \mid x + 1)$ mit $x \in \mathbb{R}$.

Jetzt können Sie auch dem Versandhaus weiterhelfen. Das Set aus Kerzen und Ständern kann man zusammenstellen, wenn man statt der Gesamt-Nettokosten von 8,40 DM den Betrag von 11,20 DM zuläßt. Dann ergibt sich nämlich:

$$\left|\begin{array}{rcl} 0{,}24\,x + 0{,}56\,y &=& 11{,}20 \\ 9x + 21y &=& 420 \end{array}\right| \begin{array}{l} | - 0{,}24\,x \\ | - 9x \end{array}$$

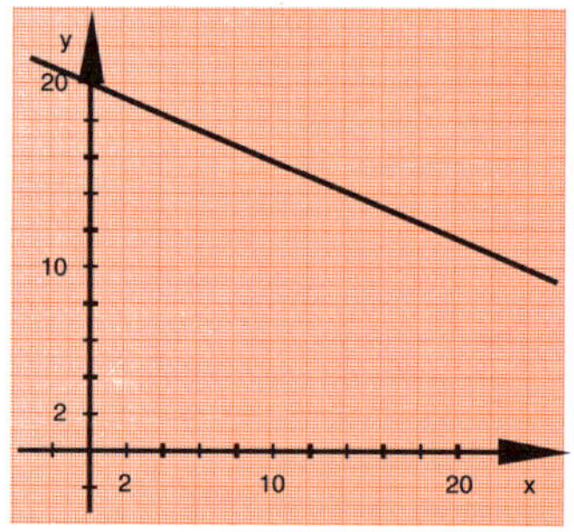

$$\left|\begin{array}{rcl} 0{,}56\,y &=& -0{,}24\,x + 11{,}20 \\ 21y &=& -9x + 420 \end{array}\right| \begin{array}{l} | : 0{,}56 \\ | : 21 \end{array}$$

$$\left|\begin{array}{rcl} y &=& -\frac{0{,}24}{0{,}56}x + \frac{11{,}20}{0{,}56} \\ y &=& -\frac{9}{21}x + \frac{420}{21} \end{array}\right|$$

$$\left|\begin{array}{rcl} y &=& -\frac{3}{7}x + 20 \\ y &=& -\frac{3}{7}x + 20 \end{array}\right| \begin{array}{l} \\ | \text{ Gleichsetzen} \end{array}$$

$$\left|\begin{array}{rcl} -\frac{3}{7}x + 20 &=& -\frac{3}{7}x + 20 \\ y &=& -\frac{3}{7}x + 20 \end{array}\right| \begin{array}{l} | + \frac{3}{7}x - 20 \\ \end{array}$$

$$\left|\begin{array}{rcl} 0 &=& 0 \\ y &=& -\frac{3}{7}x + 20 \end{array}\right|$$

Lösungspunkte sind die Punkte von $y = -\frac{3}{7}x + 20$

Rein mathematisch gesehen, gibt es auf der Menge der reellen Zahlen unendlich viele Lösungen der Form $(x \mid -\frac{3}{7}x + 20)$ mit $x \in \mathbb{R}$. Um dem Sachproblem gerecht zu werden, müssen die Lösungen Zahlenpaare natürlicher Zahlen sein, da keine gebrochenen oder negativen Kerzen bzw. Kerzenständer verschickt werden. Man darf also für x nur Vielfache von 7 einsetzen und auch nur soweit, solange y nicht negativ wird. Die möglichen Lösungen zeigt die Wertetabelle.

Anzahl der Kerzen x	0	7	14	21	28	35	42
Anzahl der Ständer y	20	17	14	11	8	5	2

Da man mindestens soviele Kerzen wie Ständer verschickt, wird man nochmals auswählen.

Bei der Lösung eines linearen 2 x 2 - Gleichungssystems gibt es (mathematisch gesehen) drei mögliche Fälle:

Das Gleichungssystem hat genau eine Lösung.

Zum Beispiel:

$$\left| \begin{aligned} x - y &= 2 \\ 2x + y &= 5 \end{aligned} \right|$$

$$\left| \begin{aligned} y &= x - 2 \\ y &= -2x + 5 \end{aligned} \right|$$

Die Gleichungen haben verschiedene Steigungen.

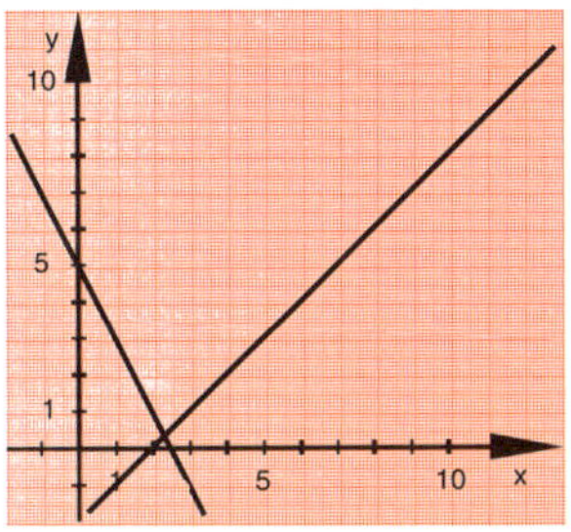

Die zugehörigen Geraden schneiden sich in einem Punkt. Das diesem Punkt entsprechende Zahlenpaar erfüllt beide Gleichungen.

Das Gleichungssystem hat keine Lösung.

Zum Beispiel:

$$\left| \begin{aligned} x - 2y &= -3 \\ 0{,}3\,x - 0{,}6\,y &= -1{,}5 \end{aligned} \right|$$

$$\left| \begin{aligned} y &= \tfrac{1}{2}x + \tfrac{3}{2} \\ y &= \tfrac{1}{2}x + \tfrac{5}{2} \end{aligned} \right|$$

Die Gleichungen haben dieselbe Steigung, aber verschiedene y-Achsen-Abschnitte.

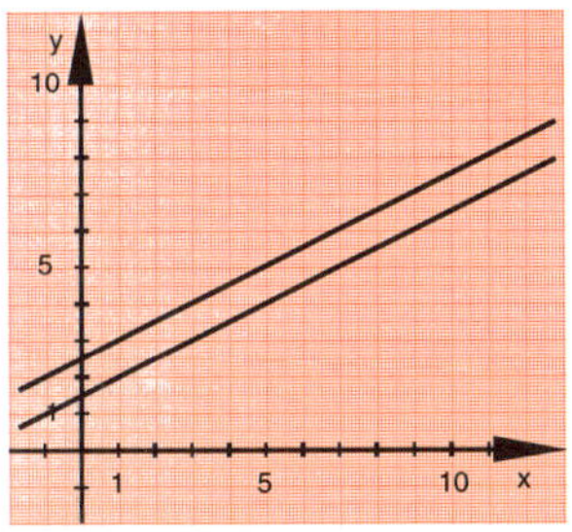

Die zugehörigen Geraden verlaufen parallel zueinander. Es gibt kein Zahlenpaar, das beide Gleichungen zugleich erfüllt.

Das Gleichungssystem hat unendlich viele Lösungen.

Zum Beispiel:

$$\left| \begin{aligned} x - 2y &= -3 \\ 0{,}3\,x - 0{,}6\,y &= -0{,}9 \end{aligned} \right|$$

$$\left| \begin{aligned} y &= \tfrac{1}{2}x + \tfrac{3}{2} \\ y &= \tfrac{1}{2}x + \tfrac{3}{2} \end{aligned} \right|$$

Die Gleichungen haben dieselbe Steigung und denselben y-Achsen-Abschnitt.

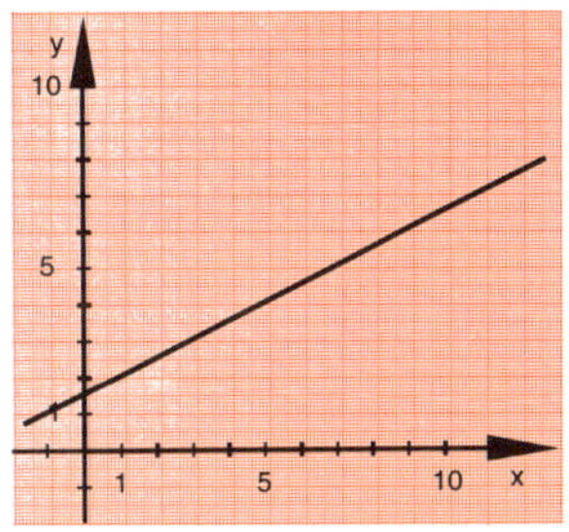

Die zugehörigen Geraden liegen aufeinander. Unendliche viele Zahlenpaare erfüllen beide Gleichungen.

Die Art der Lösbarkeit läßt sich folgendermaßen feststellen:

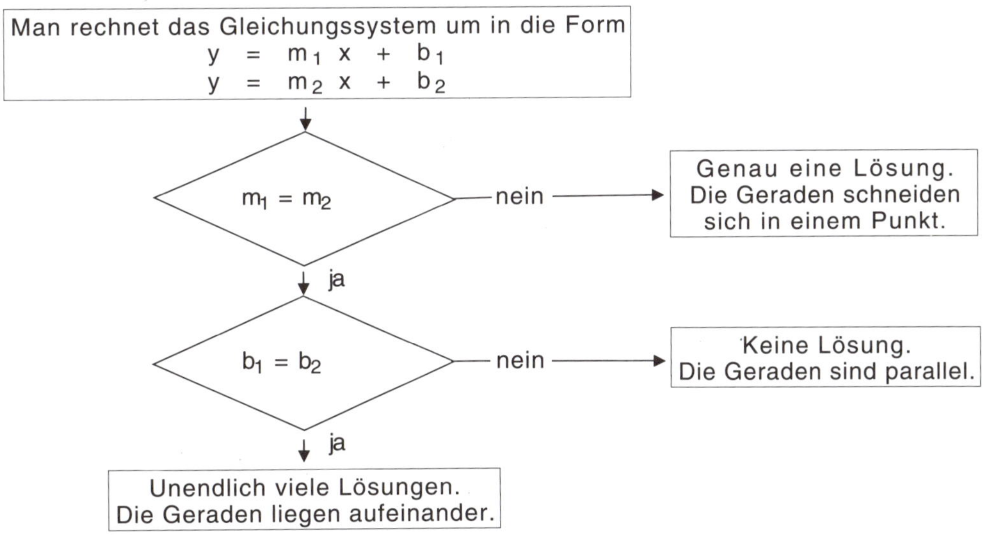

1

Aufgaben zu 1.4

1. Wieviele Lösungen haben die folgenden Gleichungssysteme? Lösen Sie die Systeme graphisch und rechnerisch.

a) $\left| \begin{array}{r} y - x = 1 \\ 2y - 2x = 6 \end{array} \right|$ b) $\left| \begin{array}{r} y - x = 1 \\ 2y - 2x = 2 \end{array} \right|$ c) $\left| \begin{array}{r} y - x = 1 \\ y + 2x = 5 \end{array} \right|$

2. Bestimmen Sie die Lösungen der folgenden Gleichungssysteme.

a) $\left| \begin{array}{r} 3x - y = 2 \\ -6x + 2y = -4 \end{array} \right|$ b) $\left| \begin{array}{r} \frac{1}{2}x + y = 2 \\ x + 2y = 4 \end{array} \right|$ c) $\left| \begin{array}{r} -2x + 3y = 4 \\ x - 1{,}5y = -2 \end{array} \right|$

*3. a) Zeigen Sie, daß das folgende Gleichungssystem mindestens eine Lösung hat.

$\left| \begin{array}{r} ax + by = 0 \\ cx + dy = 0 \end{array} \right|$ mit $b \neq 0$ und $d \neq 0$.

b) Wie müssen die Koeffizienten a, b, c, d gewählt werden, damit das Gleichungssystem unendlich viele Lösungen besitzt?

Wiederholungsaufgaben

1. Ein LKW fährt um 8^{00} Uhr von Frankfurt in Richtung Hannover. Seine Durchschnittsgeschwindigkeit beträgt $60 \frac{km}{Std.}$. Ein zweiter LKW fährt um 9^{00} Uhr mit $80 \frac{km}{Std.}$ ebenfalls von Frankfurt in Richtung Hannover. Wann und nach wieviel Kilometern überholt er den zuerst gestarteten LKW? (Graphische und rechnerische Lösung)

2. Ein D-Zug mit einer Durchschnittsgewindigkeit von $80 \frac{km}{Std.}$ fährt um 10^{30} Uhr ab A nach B. Die Entfernung beträgt 70 km. Zur selben Zeit fährt ein Güterzug mit $50 \frac{km}{Std.}$ von B ab ihm entgegen. Wann und wo treffen die Züge sich? (Graphische und rechnerische Lösung)

3. Bestimmen Sie die Lösungen der folgenden Gleichungssysteme graphisch.

a) $\left| \begin{array}{r} 2x + 3y = 0 \\ 2x - 3y = -24 \end{array} \right|$ b) $\left| \begin{array}{r} 10x - 5y = 9 \\ 5y = 11 \end{array} \right|$ c) $\left| \begin{array}{r} x - y = -1 \\ 7x - 5y = 25 \end{array} \right|$

4. Bestimmen Sie die Lösungen der folgenden Gleichungssysteme rechnerisch.

a) $\left| \begin{array}{l} x = \frac{3}{4}y - 1 \\ x = \frac{5}{4}y - 5 \end{array} \right|$ b) $\left| \begin{array}{r} \frac{3}{4}x + \frac{7}{5}y = 20 \\ \frac{7}{2}x + \frac{3}{5}y = 34 \end{array} \right|$ c) $\left| \begin{array}{r} -3x + 6y = 2 \\ 1{,}5x - 3y = -1 \end{array} \right|$

*5. Bestimmen Sie für das untenstehende Gleichungssystem u und v so, daß das System keine Lösungen hat.

$$\left| \begin{array}{r} 3x + u \cdot y = 6 \\ -5x + v \cdot y = 8 \end{array} \right|$$

*6. Zeigen Sie: Wenn das untenstehende Gleichungssystem unendlich viele Lösungen haben soll, muß gelten $a \cdot e = b \cdot d$ und $c \cdot e = b \cdot f$.

$$\left| \begin{array}{r} ax + by = c \\ dx + ey = f \end{array} \right|$$

2. Einsetzungsverfahren

Vor der Sendung

2

Nachdem Sie in der vorhergehenden Lektion Gleichungssysteme graphisch und mit dem Gleichsetzungsverfahren gelöst haben, lernen Sie jetzt ein weiteres Verfahren zur Lösung von Gleichungssystemen kennen. Das Einsetzungsverfahren hat den Vorteil, daß es bei sehr vielen Gleichungssystemen angewandt werden kann. Die Fernsehsendung wird Ihnen daher nicht nur Beispiele für lineare Gleichungssysteme und ihre Lösung durch das Einsetzungsverfahren zeigen, sondern auch nicht-lineare Gleichungssysteme vorstellen und diese lösen. Achten Sie besonders auf die graphischen Darstellungen, die Ihnen den Zusammenhang von Lösungen eines Gleichungssystems und Schnittpunkten der Graphen von Funktionen verdeutlichen. Nicht-lineare Gleichungssysteme werden hier in den Abschnitten 2.4 und 2.5 besprochen. Falls Sie das Lösungsverfahren für quadratische Gleichungen nicht (mehr) beherrschen sollten, bearbeiten Sie am besten diese Abschnitte erst, nachdem Sie die Lektionen 4 bis 6 kennengelernt haben.

Übersicht

1. Manche Sachprobleme führen auf ein lineares 2 x 2 - Gleichungssystem, bei dem **eine der Gleichungen in der Form $y = f(x)$** auftritt. Statt wie beim Gleichsetzungsverfahren auch die andere Gleichung in die Form $y = f(x)$ zu überführen, kommt man häufig schneller zum Ziel, wenn man den Term $f(x)$ für y in die andere Gleichung einsetzt.

2. Ist eine der beiden Gleichungen eines 2 x 2 - Gleichungssystems in der Form $y = f(x)$ gegeben oder läßt sie sich leicht in diese Form bringen, verwendet man zur Lösung des Gleichungssystems das **Einsetzungsverfahren**. Für dieses Verfahren kann man einen festen Ablauf, den Kalkül des Einsetzungsverfahrens, entwickeln. Sind beide Gleichungen in der Form $y = f(x)$ gegeben, so entspricht das Einsetzungsverfahren genau dem Gleichsetzungsverfahren. Läßt sich eine der Gleichungen leichter nach der Variablen x als nach der Variablen y auflösen, das heißt in die Form $x = f(y)$ bringen, so läßt sich das Einsetzungsverfahren ebenfalls anwenden, indem man den Term für x aus der einen Gleichung in die andere einsetzt.

3. Die **Sonderfälle linearer Gleichungssysteme**, bei denen keine oder unendlich viele Lösungen vorhanden sind, lassen sich auch mit dem Einsetzungsverfahren erkennen.

4. Nicht alle Sachprobleme führen auf lineare Gleichungssysteme. Manchmal ergeben sich Gleichungen, in denen eine oder gar beide Variablen in einer höheren Potenz, zum Beispiel im Quadrat, oder auch im Nenner eines Bruchs auftreten. Man nennt solche Systeme **nicht-lineare Gleichungssysteme**. In vielen Fällen kann man auch dann die Lösungen mit dem Einsetzungsverfahren ermitteln. Unter Umständen muß man dabei eine quadratische Gleichung lösen.

5. Die **graphische Lösung nicht-linearer Gleichungssysteme** erfolgt im Prinzip wie die der linearen Systeme: Man zeichnet die Graphen der Funktionen, die durch die Gleichungen des Systems dargestellt werden. Als Graph einer nicht-linearen Gleichung kann zum Beispiel eine Parabel oder eine Hyperbel auftreten. Auch eine Exponentialkurve wäre möglich. Da bei nicht-linearen Systemen mindestens ein Graph keine Gerade ist, können jetzt zwei (oder mehrere) Schnittpunkte vorkommen, also zwei (oder mehrere) Lösungen für das Gleichungssystem existieren.

2.1 Beispiele für lineare Gleichungssysteme

Der Inhaber eines Radiogeschäftes erzählt, er habe 200 Kofferradios eingekauft und zu einem Sonderpreis angeboten. Er verlangt als Verkaufspreis nur 125 % des Einkaufspreises. Dadurch habe er bereits 150 der Radios verkaufen können. Um den Einkaufspreis zu decken, fehlten ihm jetzt insgesamt nur noch 2250 DM.
Aus dieser Information kann man Einkaufspreis und Verkaufspreis errechnen. Schreibt man für den Einkaufspreis die Variable x und für den Verkaufspreis die Variable y, so ist der Aufwand für den Einkauf $200 \cdot x$ DM. Die 150 verkauften Radios bringen eine Einnahme von $150 \cdot y$ DM. Die Differenz zwischen dem Aufwand für den Einkauf und den Einnahmen aus dem Verkauf ist 2250 DM. Das bedeutet

Außerdem weiß man, daß der Verkaufspreis 125 % vom Einkaufspreis beträgt:

$$\left| \begin{aligned} 200 \cdot x - 150 \cdot y &= 2250 \\ y &= 1{,}25 \cdot x \end{aligned} \right|$$

Man hat also das obenstehende Gleichungssystem zu lösen. Da die zweite Gleichung in der Form $y = f(x)$ vorliegt, kann man den Term für y, nämlich $1{,}25 \cdot x$ in die erste Gleichung einsetzen und erhält

Dies ist eine Gleichung in einer Variablen, die man nach x auflösen kann.

$$\begin{aligned} 200 \cdot x - 150 \cdot (1{,}25 \cdot x) &= 2250 \\ 200 \cdot x - 187{,}5 \cdot x &= 2250 \\ 12{,}5 \cdot x &= 2250 \quad | : 12{,}5 \\ x &= 180 \end{aligned}$$

Der Wert für x wird in die zweite Gleichung eingesetzt:

$$\begin{aligned} y &= 1{,}25 \cdot 180 \\ y &= 225 \end{aligned}$$

Der Einkaufspreis beträgt also 180 DM, der Verkaufspreis 225 DM.

Eine ganz ähnliche Aufgabe haben Sie in der Fernsehsendung gesehen. Der „Heimwerker“, der dort seine Zimmer tapezierte, hat für 4 Rollen Wohnzimmertapete und für 3 Rollen Schlafzimmertapete insgesamt 149,10 DM bezahlt. Er erinnerte sich, daß die Wohnzimmertapete pro Rolle 10,50 DM teurer war als die Schlafzimmertapete. Daraus kann man den Preis pro Rolle der beiden Tapetenarten berechnen.
x sei der Preis für eine Rolle Schlafzimmer-, y der Preis für eine Rolle Wohnzimmertapete.
Dann gilt
und

$$\left| \begin{aligned} 3 \cdot x + 4 \cdot y &= 149{,}1 \\ y &= x + 10{,}5 \end{aligned} \right|$$

Den Term für y aus der zweiten Gleichung kann man in die erste Gleichung einsetzen:
Die Gleichung in einer Variablen löst man:

$$\begin{aligned} 3 \cdot x + 4 \cdot (x + 10{,}5) &= 149{,}1 \\ 3 \cdot x + 4 \cdot x + 42 &= 149{,}1 \\ 7 \cdot x + 42 &= 149{,}1 \quad | -42 \\ 7 \cdot x &= 107{,}1 \quad | :7 \\ x &= 15{,}3 \end{aligned}$$

Den Wert für x setzt man in die zweite Gleichung ein. Bitte berechnen Sie den Wert für y.

→ ①

Eine Rolle Schlafzimmertapete hat 15,30 DM, eine Rolle Wohnzimmertapete 25,80 DM gekostet.

Die Aufgaben wurden dadurch gelöst, daß man den Term für y aus einer der beiden Gleichungen in die andere Gleichung für y eingesetzt hat. Ein solches Verfahren nennt man daher **Einsetzungsverfahren**.
In der hier gewählten Schreibweise wird nicht deutlich, daß es sich stets um ein System mit zwei Gleichungen handelt. Deswegen normiert man die Schreibweise folgendermaßen.

Erstes Beispiel:

$$\left| \begin{array}{r} 30 \cdot x - 5 \cdot y = 30 \\ y = 3 \cdot x \end{array} \right|$$

$$\left| \begin{array}{r} 30x - 5 \cdot 3x = 30 \\ y = 3x \end{array} \right|$$

$$\left| \begin{array}{r} 30x - 15x = 30 \\ y = 3x \end{array} \right|$$

$$\left| \begin{array}{r} 15x = 30 \\ y = 3x \end{array} \right| \quad | :15$$

$$\left| \begin{array}{r} x = 2 \\ y = 3x \end{array} \right|$$

$$\left| \begin{array}{r} x = 2 \\ y = 3 \cdot 2 \end{array} \right|$$

$$\left| \begin{array}{r} x = 2 \\ y = 6 \end{array} \right|$$

Zweites Beispiel:

$$\left| \begin{array}{r} 3 \cdot x + 4 \cdot y = 75 \\ y = x + 10 \end{array} \right|$$

$$\left| \begin{array}{r} 3x + 4 \cdot (x + 10) = 75 \\ y = x + 10 \end{array} \right|$$

$$\left| \begin{array}{r} 3x + 4x + 40 = 75 \\ y = x + 10 \end{array} \right|$$

$$\left| \begin{array}{r} 7x + 40 = 75 \\ y = x + 10 \end{array} \right| \quad | -40$$

$$\left| \begin{array}{r} 7x = 35 \\ y = x + 10 \end{array} \right| \quad | :7$$

$$\left| \begin{array}{r} x = 5 \\ y = x + 10 \end{array} \right|$$

$$\left| \begin{array}{r} x = 5 \\ y = 5 + 10 \end{array} \right|$$

$$\left| \begin{array}{r} x = 5 \\ y = 15 \end{array} \right|$$

Verwenden Sie bitte stets die hier gezeigte Schreibweise.

Aufgaben zu 2.1

X Y

1. Herr Graf kauft bei seinem Weinhändler ein. Für 30 Flaschen Weißwein und 50 Flaschen Rotwein zahlt er insgesamt 744 DM. Der Rotwein kostet pro Flasche 2,40 DM mehr als der Weißwein. Welches sind die Einzelpreise?

2. In einem Dreieck ist ein Winkel 90^0. Der zweite Winkel ist fünfmal so groß wie der dritte. Wie groß sind die beiden Dreieckswinkel? (Beachten Sie, daß die Winkelsumme im Dreieck 180^0 beträgt.)

3. Der Umfang eines Rechtecks ist 160 cm. Die Länge ist dreimal so groß wie die Breite. Wie lang und wie breit ist das Rechteck?

*4. Vater und Sohn sind zusammen 60 Jahre alt. Der Vater ist viermal so alt wie der Sohn. Bestimmen Sie das Alter des Sohnes und das Alter des Vaters.

2.2 Der Kalkül des Einsetzungsverfahrens

Natürlich ist nicht bei jedem Sachverhalt eine der beiden Gleichungen schon in der Form $y = f(x)$ vorgegeben. Es kann vorkommen, daß eine der beiden Gleichungen in der Form $x = f(y)$ gegeben ist. Dann setzt man einfach den Term $f(y)$ aus der einen Gleichung in die andere Gleichung ein und berechnet zuerst den Wert für die Variable y. Zum Beispiel:

$$\left| \begin{array}{r} 3x + 4y = 12 \\ x = 2y - 4 \end{array} \right| \qquad \left| \begin{array}{r} 3 \cdot (2y - 4) + 4y = 12 \\ x = 2y - 4 \end{array} \right|$$

Lösen Sie! → 4

Ist keine der beiden Gleichungen schon in einer aufgelösten Form vorgegeben, dann muß man zuerst eine der beiden Formen $y = f(x)$ oder $x = f(y)$ herstellen. Damit ergibt sich der vollständige Kalkül für das Einsetzungsverfahren.

$$\left| \begin{aligned} 3x - 4y &= 22 \\ 9x + 3y &= 6 \end{aligned} \right|$$

↓ Eine der Gleichungen nach y auflösen.

$$\left| \begin{aligned} 3x - 4y &= 22 \\ y &= 2 - 3x \end{aligned} \right|$$

↓ Term für y in die andere Gleichung einsetzen.

$$\left| \begin{aligned} 3x - 4 \cdot (2 - 3x) &= 22 \\ y &= 2 - 3x \end{aligned} \right|$$

↓ Diese Gleichung nach x auflösen.

$$\left| \begin{aligned} 3x - 8 + 12x &= 22 \\ y &= 2 - 3x \end{aligned} \right|$$

↓

$$\left| \begin{aligned} 15x &= 30 \\ y &= 2 - 3x \end{aligned} \right|$$

↓

$$\left| \begin{aligned} x &= 2 \\ y &= 2 - 3x \end{aligned} \right|$$

↓ Wert für x in den Term für y einsetzen.

$$\left| \begin{aligned} x &= 2 \\ y &= 2 - 3 \cdot 2 \end{aligned} \right|$$

↓ y berechnen.

$$\left| \begin{aligned} x &= 2 \\ y &= -4 \end{aligned} \right|$$

↓ Probe ausführen.

$$\left| \begin{aligned} 3 \cdot 2 - 4 \cdot (-4) &= 22 \\ 9 \cdot 2 + 3 \cdot (-4) &= 6 \end{aligned} \right|$$

Löst man zunächst eine der beiden Gleichungen nach x auf, so wird in allen Anweisungen x durch y und y durch x ersetzt:

Eine der Gleichungen nach x auflösen.

Term für x in die andere Gleichung einsetzen.

Diese Gleichung nach y auflösen.

Wert für y in den Term für x einsetzen.

x berechnen.

Probe ausführen.

Hier zunächst nochmals ein schrittweise durchgerechnetes Beispiel für das Auflösen einer der beiden Gleichungen nach y.

$$\left|\begin{array}{rcl} 3x - 2y &=& -9 \\ 2x + 3y &=& 7 \end{array}\right|$$

Will man eine der beiden Gleichungen nach y auflösen, wählt man hier besser die erste Gleichung dafür aus, da mit dem Nenner 2 leichter zu rechnen ist als mit dem Nenner 3. Man kann dann zum Beispiel mit Dezimalzahlen rechnen.

$$\left|\begin{array}{rcl} 3x - 2y &=& -9 \\ 2x + 3y &=& 7 \end{array}\right| \quad \begin{array}{l} | -3x \\ \end{array}$$

$$\left|\begin{array}{rcl} -2y &=& -3x - 9 \\ 2x + 3y &=& 7 \end{array}\right| \quad \begin{array}{l} | : (-2) \\ \end{array}$$

$$\left|\begin{array}{rcl} y &=& 1{,}5x + 4{,}5 \\ 2x + 3y &=& 7 \end{array}\right|$$

| y wird in die zweite Gleichung eingesetzt.

$$\left|\begin{array}{rcl} y &=& 1{,}5x + 4{,}5 \\ 2x + 3\cdot(1{,}5x + 4{,}5) &=& 7 \end{array}\right|$$

| Klammer ausmultiplizieren.

$$\left|\begin{array}{rcl} y &=& 1{,}5x + 4{,}5 \\ 2x + 4{,}5x + 13{,}5 &=& 7 \end{array}\right| \quad \begin{array}{l} \\ | -13{,}5 \end{array}$$

$$\left|\begin{array}{rcl} y &=& 1{,}5x + 4{,}5 \\ 2x + 4{,}5x &=& 7 - 13{,}5 \end{array}\right|$$

| Die Summen links und rechts vom Gleichheitszeichen berechnen.

$$\left|\begin{array}{rcl} y &=& 1{,}5x + 4{,}5 \\ 6{,}5x &=& -6{,}5 \end{array}\right| \quad \begin{array}{l} \\ | : 6{,}5 \end{array}$$

$$\left|\begin{array}{rcl} y &=& 1{,}5x + 4{,}5 \\ x &=& -6{,}5 : 6{,}5 \end{array}\right|$$

| Ausdividieren

$$\left|\begin{array}{rcl} y &=& 1{,}5x + 4{,}5 \\ x &=& -1 \end{array}\right|$$

| Der berechnete Wert $x = -1$ wird in die erste Gleichung eingesetzt.

$$\left|\begin{array}{rcl} y &=& 1{,}5\cdot(-1) + 4{,}5 \\ x &=& -1 \end{array}\right|$$

| Ausrechnen

$$\left|\begin{array}{rcl} y &=& -1{,}5 + 4{,}5 \\ x &=& -1 \end{array}\right|$$

| Ausrechnen

$$\left|\begin{array}{rcl} y &=& 3 \\ x &=& -1 \end{array}\right|$$

Das Lösungspaar ist also (− 1 | 3). Nun führt man die Probe aus, indem man die gefundenen Werte in die Ausgangsgleichungen einsetzt.

$$\left|\begin{array}{rcl} 3\cdot(-1) - 2\cdot 3 &=& -9 \\ 2\cdot(-1) + 3\cdot 3 &=& 7 \end{array}\right|$$

| Man rechnet aus.

$$\left|\begin{array}{rcl} -3 - 6 &=& -9 \\ -2 + 9 &=& 7 \end{array}\right|$$

| Man rechnet aus.

$$\left|\begin{array}{rcl} -9 &=& -9 \\ 7 &=& 7 \end{array}\right|$$

Die Probe zeigt die Richtigkeit der Lösung.

Mitunter ist die Berechnung einfacher, wenn man eine Gleichung nach x auflöst und das Einsetzungsverfahren so anwendet. Dies gilt insbesondere, wenn beim Auflösen nach y Brüche auftreten. Das folgende Beispiel zeigt dies.

Auflösen nach y.

$$\left| \begin{array}{rl} 3x + 2y &= 7 \\ 2x - 6y &= 4 \end{array} \right|$$

$$\left| \begin{array}{rl} 3x + 2y &= 7 \\ y &= \frac{1}{3}x - \frac{2}{3} \end{array} \right|$$

$$\left| \begin{array}{rl} 3x + 2\cdot(\frac{1}{3}x - \frac{2}{3}) &= 7 \\ y &= \frac{1}{3}x - \frac{2}{3} \end{array} \right|$$

$$\left| \begin{array}{rl} 3x + \frac{2}{3}x - \frac{4}{3} &= 7 \\ y &= \frac{1}{3}x - \frac{2}{3} \end{array} \right|$$

$$\left| \begin{array}{rl} \frac{11}{3}x - \frac{4}{3} &= 7 \\ y &= \frac{1}{3}x - \frac{2}{3} \end{array} \right| \quad \Big| + \frac{4}{3}$$

$$\left| \begin{array}{rl} \frac{11}{3}x &= 7 + \frac{4}{3} \\ y &= \frac{1}{3}x - \frac{2}{3} \end{array} \right|$$

$$\left| \begin{array}{rl} \frac{11}{3}x &= \frac{21}{3} + \frac{4}{3} \\ y &= \frac{1}{3}x - \frac{2}{3} \end{array} \right|$$

$$\left| \begin{array}{rl} \frac{11}{3}x &= \frac{25}{3} \\ y &= \frac{1}{3}x - \frac{2}{3} \end{array} \right| \quad \Big| \cdot \frac{3}{11}$$

$$\left| \begin{array}{rl} x &= \frac{25}{11} \\ y &= \frac{1}{3}x - \frac{2}{3} \end{array} \right|$$

$$\left| \begin{array}{rl} x &= \frac{25}{11} \\ y &= \frac{1}{3}\cdot\frac{25}{11} - \frac{2}{3} \end{array} \right|$$

$$\left| \begin{array}{rl} x &= \frac{25}{11} \\ y &= \frac{25}{33} - \frac{22}{33} \end{array} \right|$$

$$\left| \begin{array}{rl} x &= \frac{25}{11} \\ y &= \frac{1}{11} \end{array} \right|$$

Auflösen nach x.

$$\left| \begin{array}{rl} 3x + 2y &= 7 \\ 2x - 6y &= 4 \end{array} \right|$$

$$\left| \begin{array}{rl} 3x + 2y &= 7 \\ x &= 3y + 2 \end{array} \right|$$

$$\left| \begin{array}{rl} 3\cdot(3y + 2) + 2y &= 7 \\ x &= 3y + 2 \end{array} \right|$$

$$\left| \begin{array}{rl} 9y + 6 + 2y &= 7 \\ x &\neq 3y + 2 \end{array} \right|$$

$$\left| \begin{array}{rl} 11y + 6 &= 7 \\ x &= 3y + 2 \end{array} \right| \quad \Big| -6$$

$$\left| \begin{array}{rl} 11y &= 7 - 6 \\ x &= 3y + 2 \end{array} \right|$$

$$\left| \begin{array}{rl} 11y &= 1 \\ x &= 3y + 2 \end{array} \right| \quad \Big| : 11$$

$$\left| \begin{array}{rl} y &= \frac{1}{11} \\ x &= 3y + 2 \end{array} \right|$$

$$\left| \begin{array}{rl} y &= \frac{1}{11} \\ x &= 3\cdot\frac{1}{11} + 2 \end{array} \right|$$

$$\left| \begin{array}{rl} y &= \frac{1}{11} \\ x &= \frac{3}{11} + \frac{22}{11} \end{array} \right|$$

$$\left| \begin{array}{rl} y &= \frac{1}{11} \\ x &= \frac{25}{11} \end{array} \right|$$

Führen Sie die Probe durch. → (2)

Aufgaben zu 2.2

Lösen Sie die Gleichungssysteme.

1. a) $\left| \begin{array}{rl} x + y &= 3 \\ y &= -2x + 2 \end{array} \right|$ b) $\left| \begin{array}{rl} 3x - 2y + 8 &= 0 \\ x &= y + 3 \end{array} \right|$ c) $\left| \begin{array}{rl} 2x - y - 8 &= 0 \\ 2x - 2y - 6 &= 0 \end{array} \right|$

2. a) $\left| \begin{array}{rl} 3x - 4y - 7 &= 0 \\ 5x - 6y - 13 &= 0 \end{array} \right|$ b) $\left| \begin{array}{rl} 7x - 3y &= 108 \\ 5x + 6y &= 12 \end{array} \right|$ c) $\left| \begin{array}{rl} 8x - 37y &= 10 \\ -13x + 40y &= 24 \end{array} \right|$

2.3 Die Sonderfälle bei linearen Gleichungssystemen

In der vorhergehenden Lektion haben Sie gesehen, daß es bei linearen 2 x 2 - Gleichungssystemen Sonderfälle geben kann, nämlich daß das Gleichungssystem keine oder unendlich viele Lösungen hat. Diese Sonderfälle lassen sich auch beim Einsetzungsverfahren erkennen.

2

Keine Lösung

$$\left| \begin{aligned} 0{,}5x + 0{,}75y &= 5 \\ 2x + 3y &= 12 \end{aligned} \right|$$

$$\left| \begin{aligned} 0{,}5x + 0{,}75y &= 5 \\ x &= 6 - 1{,}5y \end{aligned} \right|$$

$$\left| \begin{aligned} 0{,}5 \cdot (6 - 1{,}5y) + 0{,}75y &= 5 \\ x &= 6 - 1{,}5y \end{aligned} \right|$$

$$\left| \begin{aligned} 3 - 0{,}75y + 0{,}75y &= 5 \\ x &= 6 - 1{,}5y \end{aligned} \right|$$

$$\left| \begin{aligned} 3 &= 5 \\ x &= 6 - 1{,}5y \end{aligned} \right|$$

Kein Zahlenpaar erfüllt beide Gleichungen.
Die Gleichung $3 = 5$ ist nicht zu erfüllen.

Unendlich viele Lösungen

$$\left| \begin{aligned} y - x &= 3 \\ 2y &= 2x + 6 \end{aligned} \right|$$

$$\left| \begin{aligned} y - x &= 3 \\ y &= x + 3 \end{aligned} \right|$$

$$\left| \begin{aligned} x + 3 - x &= 3 \\ y &= x + 3 \end{aligned} \right|$$

$$\left| \begin{aligned} 3 &= 3 \\ y &= x + 3 \end{aligned} \right|$$

Alle Zahlenpaare $(x \mid x + 3)$ erfüllen beide Gleichungen.

Denken Sie an die zeichnerische Lösung. Löst man beide Gleichungen nach y auf, so erhält man

$$y = -\frac{2}{3}x + 6\frac{2}{3} \qquad\qquad y = x + 3$$

$$y = -\frac{2}{3}x + 4 \qquad\qquad y = x + 3$$

also zwei parallele Geraden (ohne Schnittpunkt). — also zweimal dieselbe Gerade.

Aufgaben zu 2.3

Prüfen Sie mit dem Einsetzungsverfahren, ob die Gleichungssysteme genau eine Lösung, keine Lösung oder unendlich viele Lösungen haben.

1. a) $\left| \begin{aligned} 3x + 4y &= 5 \\ -1{,}5x &= 2{,}5 - 2y \end{aligned} \right|$ b) $\left| \begin{aligned} x &= 3y - 2 \\ y - \frac{x}{3} &= \frac{2}{3} \end{aligned} \right|$ c) $\left| \begin{aligned} x - y - 1 &= 0 \\ y &= x + 2 \end{aligned} \right|$

2. a) $\left| \begin{aligned} y &= 10 - x \\ x &= 12 - y \end{aligned} \right|$ b) $\left| \begin{aligned} 2x + 3y &= 1 \\ x + y &= 0 \end{aligned} \right|$ c) $\left| \begin{aligned} x &= y - 1 \\ x + y &= -1 \end{aligned} \right|$

2.4 Nicht-lineare Gleichungssysteme

Bei der Lösung vieler Sachprobleme kommt man zu Gleichungssystemen, aber bei weitem nicht immer sind dies lineare Gleichungssysteme. Ein Beispiel dafür haben Sie in der Fernsehsendung gesehen: Ein „Hobby-Schäfer" will ein Grundstück von $1800\ m^2$ Flächeninhalt für seine Schafe abzäunen. Er hat noch einen alten Maschendrahtzaun von 130 m Länge. Da das Grundstück an einem Fluß liegt, braucht er nur drei Seiten eines Rechtecks mit dem Zaun zu versehen. Für dieses Rechteck muß also gelten:

und zugleich $\left| \begin{aligned} x \cdot y &= 1800 \\ 2x + y &= 130 \end{aligned} \right|$, wenn x die Breite und y die Länge ist.

Ob dieses System Lösungen hat, kann man mit dem Einsetzungsverfahren prüfen.

$$\left|\begin{aligned} x \cdot y &= 1800 \\ 2x + y &= 130 \end{aligned}\right|$$ | Man löst die zweite Gleichung nach y auf

$$\left|\begin{aligned} x \cdot y &= 1800 \\ y &= 130 - 2x \end{aligned}\right|$$ | und setzt den Term für y in die erste Gleichung ein.

$$\left|\begin{aligned} x \cdot (130 - 2x) &= 1800 \\ y &= 130 - 2x \end{aligned}\right|$$ | Man erhält eine *quadratische* Gleichung.

$$\left|\begin{aligned} 130x - 2x^2 &= 1800 \\ y &= 130 - 2x \end{aligned}\right|$$

$$\left|\begin{aligned} x^2 - 65x + 900 &= 0 \\ y &= 130 - 2x \end{aligned}\right|$$ | Diese Gleichung kann man mit Hilfe der Formel für quadratische Gleichungen lösen.

$$\left|\begin{aligned} x_{1/2} &= +\frac{65}{2} \pm \sqrt{\frac{65^2}{4} - 900} \\ y &= 130 - 2x \end{aligned}\right|$$

$$\left|\begin{aligned} x_{1/2} &= +32{,}5 \pm \sqrt{1056{,}25 - 900} \\ y &= 130 - 2x \end{aligned}\right|$$

$$\left|\begin{aligned} x_{1/2} &= +32{,}5 \pm \sqrt{156{,}25} \\ y &= 130 - 2x \end{aligned}\right|$$

$$\left|\begin{aligned} x_{1/2} &= +32{,}5 \pm 12{,}5 \\ y &= 130 - 2x \end{aligned}\right|$$

1. Lösung

$$\left|\begin{aligned} x_1 &= +32{,}5 + 12{,}5 \\ y_1 &= 130 - 2x \end{aligned}\right|$$

$$\left|\begin{aligned} x_1 &= 45 \\ y_1 &= 130 - 2x \end{aligned}\right|$$

$$\left|\begin{aligned} x_1 &= 45 \\ y_1 &= 130 - 2 \cdot 45 \end{aligned}\right|$$

$$\left|\begin{aligned} x_1 &= 45 \\ y_1 &= 40 \end{aligned}\right|$$

2. Lösung

$$\left|\begin{aligned} x_2 &= +32{,}5 - 12{,}5 \\ y_2 &= 130 - 2x \end{aligned}\right|$$

$$\left|\begin{aligned} x_2 &= 20 \\ y_2 &= 130 - 2x \end{aligned}\right|$$

$$\left|\begin{aligned} x_2 &= 20 \\ y_2 &= 130 - 2 \cdot 20 \end{aligned}\right|$$

$$\left|\begin{aligned} x_2 &= 20 \\ y_2 &= 90 \end{aligned}\right|$$

Das Gleichungssystem ist also lösbar. Es hat zwei Lösungen, nämlich die Zahlenpaare (45 | 40) und (20 | 90). Die Probe zeigt dies nochmals:

für die 1. Lösung

$$\left|\begin{aligned} 45 \cdot 40 &= 1800 \\ 2 \cdot 45 + 40 &= 130 \end{aligned}\right|$$

für die 2. Lösung

$$\left|\begin{aligned} 20 \cdot 90 &= 1800 \\ 2 \cdot 20 + 90 &= 130 \end{aligned}\right|$$

Ein nicht-lineares 2 x 2 - Gleichungssystem ist ein System aus zwei Gleichungen mit zwei Variablen, wobei mindestens eine der beiden Gleichungen nicht-linear ist.

Das Einsetzungsverfahren eignet sich auch für nicht-lineare Gleichungssysteme. Am Verfahren selbst ändert sich fast nichts, nur ist mindestens eine nicht-lineare Gleichung zu lösen. In dem obigen Beispiel war dies eine quadratische Gleichung.

Ein weiteres Beispiel bietet die Linsenformel, die Sie sicher aus dem Physikunterricht oder als Hobby-Fotograf kennen. Für die Brennweite f, die Gegenstandsweite g und die Bildweite b gilt die Formel:

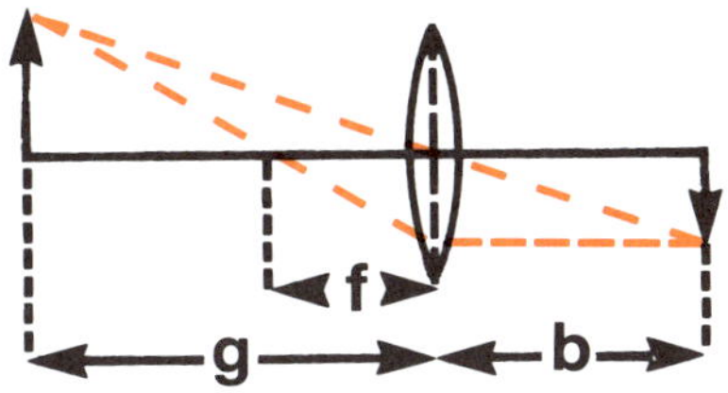

$$\frac{1}{f} = \frac{1}{g} + \frac{1}{b} \qquad (f \neq 0;\, g \neq 0;\, b \neq 0)$$

Haben Sie eine Linse mit einer Brennweite f von 2,1 cm und sollen Gegenstandsweite und Bildweite zusammen 10 cm betragen, so läßt sich errechnen, an welcher Stelle die Linse aufgestellt werden muß. Das folgende Gleichungssystem beschreibt die gestellten Bedingungen. Seine Lösungen sind zu bestimmen.

$$\left| \begin{aligned} \frac{1}{2{,}1} &= \frac{1}{g} + \frac{1}{b} \\ g + b &= 10 \end{aligned} \right| \quad \begin{aligned} &\mid \cdot 2{,}1 \cdot g \cdot b \quad \text{(um die Nenner zu beseitigen)} \\ &\mid \text{Man löst die zweite Gleichung nach } g \text{ auf.} \end{aligned}$$

$$\left| \begin{aligned} g \cdot b &= 2{,}1 \cdot b + 2{,}1 \cdot g \\ g &= 10 - b \end{aligned} \right| \quad \mid \text{Man setzt den Term für } g \text{ in die erste Gleichung ein.}$$

$$\left| \begin{aligned} (10 - b) \cdot b &= 2{,}1 \cdot b + 2{,}1 \cdot (10 - b) \\ g &= 10 - b \end{aligned} \right|$$

$$\left| \begin{aligned} 10\,b - b^2 &= 2{,}1\,b + 21 - 2{,}1\,b \\ g &= 10 - b \end{aligned} \right|$$

$$\left| \begin{aligned} b^2 - 10\,b + 21 &= 0 \\ g &= 10 - b \end{aligned} \right| \quad \mid \text{Man löst die quadratische Gleichung.}$$

$$\left| \begin{aligned} b_{1/2} &= 5 \pm \sqrt{25 - 21} \\ g &= 10 - b \end{aligned} \right|$$

1. Lösung

$$\left| \begin{aligned} b_1 &= 5 + \sqrt{4} \\ g_1 &= 10 - b_1 \end{aligned} \right| \quad \left| \begin{aligned} b_1 &= 7 \\ g_1 &= 10 - b_1 \end{aligned} \right| \quad \left| \begin{aligned} b_1 &= 7 \\ g_1 &= 10 - 7 \end{aligned} \right| \quad \left| \begin{aligned} b_1 &= 7 \\ g_1 &= 3 \end{aligned} \right|$$

2. Lösung

$$\left| \begin{aligned} b_2 &= 5 - \sqrt{4} \\ g_2 &= 10 - b_2 \end{aligned} \right| \quad \left| \begin{aligned} b_2 &= 3 \\ g_2 &= 10 - b_2 \end{aligned} \right| \quad \left| \begin{aligned} b_2 &= 3 \\ g_2 &= 10 - 3 \end{aligned} \right| \quad \left| \begin{aligned} b_2 &= 3 \\ g_2 &= 7 \end{aligned} \right|$$

Die Lösungspaare sind also (3 | 7) und (7 | 3). Führen Sie bitte die Probe durch.

→ (5)

Aufgaben zu 2.4

1. Lösen Sie die Gleichungssysteme.

   a) $\left| \begin{aligned} x \cdot y &= 300 \\ y &= 3\,x \end{aligned} \right|$ b) $\left| \begin{aligned} x + \frac{2}{y} &= 5 \\ x + y &= 6 \end{aligned} \right|$ c) $\left| \begin{aligned} x^2 - y &= x \\ y - x &= -1 \end{aligned} \right|$

*2. a) Ein Rechteck hat den Flächeninhalt $9\ cm^2$ und den Umfang 20 cm. Wie lang sind die Seiten des Rechtecks?

   b) Zwei Zahlen unterscheiden sich um 5. Ihr Produkt ist 14. Wie heißen die beiden Zahlen?

   c) Zwei Zahlen unterscheiden sich um 5. Ihre Kehrwerte unterscheiden sich um $\frac{1}{10}$. Wie heißen die Zahlen?

2.5 Graphische Lösung nicht-linearer Gleichungssysteme

Nicht-lineare Gleichungssysteme lassen sich ebenfalls graphisch lösen. Genau wie bei den linearen Gleichungssystemen muß man dafür jede der Gleichungen in der Form $y = f(x)$ als Funktion darstellen und die Graphen dieser Funktionen zeichnen. Die Schnittpunkte der Graphen geben die Lösungen des Gleichungssystems an. Das Verfahren soll an den Beispielen des Abschnitts 2.4 erläutert werden.

Für die Einzäunung der Schafweide gelten die beiden Gleichungen

$$\left| \begin{aligned} x \cdot y &= 1800 \\ 2x + y &= 130 \end{aligned} \right|$$

Die Umrechnung in die Form $y = f(x)$ ergibt

$$\left| \begin{aligned} y &= \frac{1800}{x} \\ y &= 130 - 2x \end{aligned} \right| \quad (x \neq 0)$$

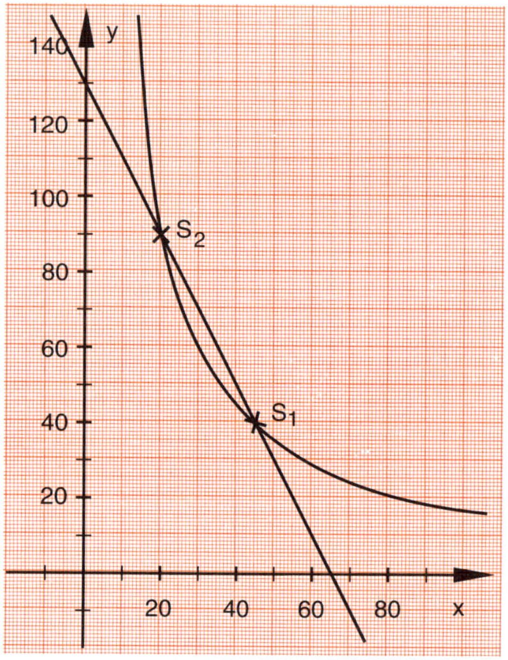

Der Graph der ersten Funktion ist eine *Hyperbel*, der der zweiten eine *Gerade*. Zeichnet man diese Graphen wie hier rechts, dann kann man die Schnittpunkte ablesen: $S_1\,(45 \mid 40)$ und $S_2\,(20 \mid 90)$. Diese Schnittpunkte entsprechen den oben errechneten Lösungspaaren. An der Zeichnung wird auch deutlich, warum es bei diesem Problem zwei Lösungen geben kann: Es werden ja nicht zwei Geraden, sondern eine Gerade und eine Hyperbel zum Schnitt gebracht.

Für das Problem der Abbildung durch eine Linse gelten die beiden Gleichungen

$$\left| \begin{aligned} \frac{1}{2{,}1} &= \frac{1}{g} + \frac{1}{b} \\ g + b &= 10 \end{aligned} \right| \quad (g \neq 0 ; b \neq 0)$$

Stellt man die beiden Gleichungen in der Form $g = f(b)$ dar, so erhält man die Funktionsgleichungen

$$\left| \begin{aligned} g &= \frac{2{,}1\,b}{b - 2{,}1} \\ g &= 10 - b \end{aligned} \right| \quad (b \neq 2{,}1)$$

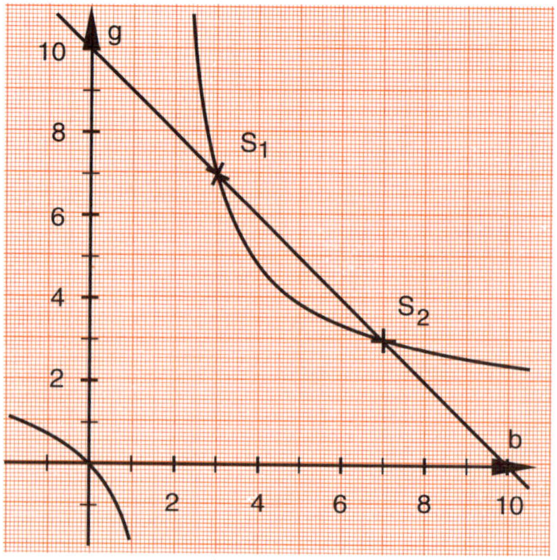

Der Graph der ersten Funktion ist eine *Hyperbel,* die man mit Hilfe einer Wertetabelle zeichnen kann. Der Graph der zweiten Funktion ist eine *Gerade.* Die Schnittpunkte sind $S_1\,(3 \mid 7)$ und $S_2\,(7 \mid 3)$. Die Schnittpunkte stellen die Lösungen des Gleichungssystems dar. Wieder liegt ein Schnitt einer Geraden mit einer Hyperbel vor.

Natürlich müssen nicht immer Hyperbeln auftreten. Die folgenden Beispiele zeigen Gleichungssysteme, bei denen der Graph einer Funktion eine Parabel ist.

1. Beispiel

$$\left| \begin{array}{l} x^2 - y = 3x \\ y = x + 5 \end{array} \right|$$

$$\left| \begin{array}{l} y = x^2 - 3x \\ y = x + 5 \end{array} \right|$$

$$\left| \begin{array}{l} y = (x - 1{,}5)^2 - 2{,}25 \\ y = x + 5 \end{array} \right|$$

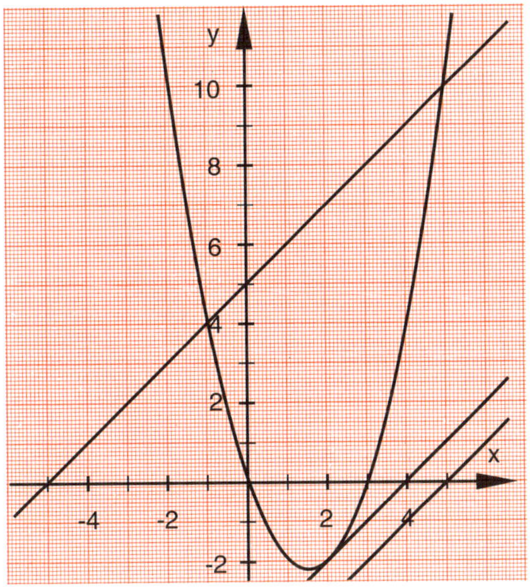

Der Graph der ersten Funktion stellt eine *Parabel* dar, die um 1,5 in x-Richtung und um −2,25 in y-Richtung verschoben ist. (Näheres dazu lernen Sie nochmals in Lektion 4.) Der Graph der zweiten Funktion ist eine *Gerade.*

2. Beispiel

$$\left| \begin{array}{l} y = (x - 1{,}5)^2 - 2{,}25 \\ y = x - 4 \end{array} \right|$$

3. Beispiel

$$\left| \begin{array}{l} y = (x - 1{,}5)^2 - 2{,}25 \\ y = x - 5 \end{array} \right|$$

Bei den Graphen handelt es sich stets um dieselbe Parabel, die Geraden sind unterschiedlich. An den Zeichnungen, die für alle Beispiele in dasselbe Koordinatensystem eingetragen wurden, sehen Sie, daß durchaus nicht immer zwei Schnittpunkte und damit zwei Lösungen vorhanden sein müssen. Im zweiten Beispiel gibt es nur eine Lösung, denn die Gerade berührt die Parabel in genau einem Punkt. Im dritten Beispiel gibt es keine Lösung, denn die Gerade verläuft an der Parabel vorbei. Diese drei Fälle kennen Sie im Grunde schon von den Lösungsmöglichkeiten der quadratischen Gleichungen. → ③
Geben Sie die Schnitt- bzw. Berührpunkte an.

Auch beim Vergleich von Wachstumsprozessen können nicht-lineare Gleichungssysteme auftreten. Was ist günstiger: Für ein Darlehen von 1000 DM über 10 Jahre hin jährlich eine Erhöhung der Schuldsumme um 100 DM (lineares Wachstum, beschrieben durch eine Geradengleichung) oder die Rückzahlung mit Zinseszins zu einem Zinssatz von 8 % (exponentielles Wachstum, beschrieben durch eine Funktion, bei der die Variable x im Exponenten steht) zu verlangen? Die den Sachverhalt beschreibenden Funktionen sind

$$y = 1000 + 100 \cdot x$$
$$y = 1000 \cdot 1{,}08^x$$

Der Graph der ersten Funktion ist eine *Gerade*, der der zweiten eine *Exponentialkurve*. Die Schnittpunkte der beiden Graphen geben die Zeiten an, zu denen beide Zahlungsweisen gleich günstig sind.

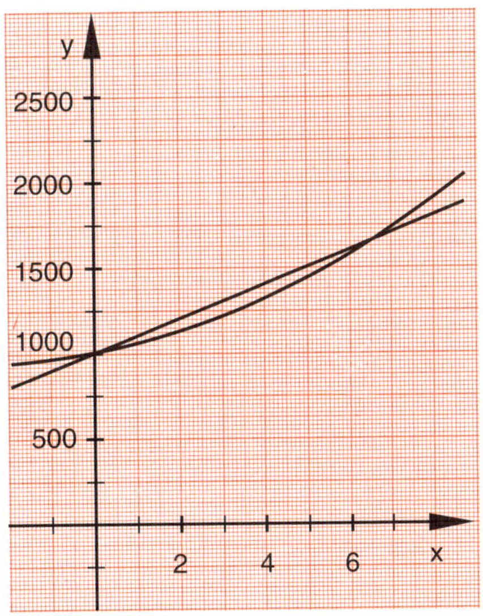

Aufgaben zu 2.5

1. Lösen Sie die Aufgaben zu 2.4 Nr. 1 graphisch.

*2. Lösen Sie die Aufgaben zu 2.4 Nr. 2 graphisch.

Wiederholungsaufgaben

1. Lösen Sie nach dem Einsetzungsverfahren.

   a) $\begin{vmatrix} 2x + 2y = -16 \\ 2x - 2y = 4 \end{vmatrix}$ b) $\begin{vmatrix} 7y - 3x = 6 \\ 3x + 2y = 3 \end{vmatrix}$ c) $\begin{vmatrix} x = 3y - 4 \\ 3x - 5y = -4 \end{vmatrix}$

2. Lösen Sie nach dem Einsetzungsverfahren.

   a) $\begin{vmatrix} 0{,}5x + 2y - 5 = 0 \\ \frac{1}{4}x - \frac{3}{2}y - 2 = 0 \end{vmatrix}$ b) $\begin{vmatrix} y = 1{,}5x + 2 \\ y + 1{,}25x + 3 = 0 \end{vmatrix}$ c) $\begin{vmatrix} y = 3{,}57x - 1{,}11 \\ y = 1{,}35x + 3{,}55 \end{vmatrix}$

3. Herr Weber legt bei einer Sparkasse 15 000 DM und bei einer Bank 12 000 DM an. Der Zinssatz bei der Bank ist zur Zeit um 1 % höher als bei der Sparkasse. Herr Weber erhält von der Sparkasse und von der Bank jährlich den gleichen Betrag an Zinsen. Wie hoch ist der Zinssatz bei der Sparkasse, wie hoch bei der Bank?

4. Jemand kauft beim Weinhändler Weißwein für 8,40 DM und Rotwein für 10,20 DM pro Flasche. Er bezahlt für 28 Flaschen insgesamt 256,80 DM. Wieviele Flaschen Weißwein und wieviele Flaschen Rotwein hat er gekauft?

5. Die Messingsorte I enthält 65 % Kupfer, die Messingsorte II enthält 90 % Kupfer. Aus beiden Sorten sollen 200 kg Messing mit 80 % Kupfergehalt hergestellt werden. Wieviele Kilogramm werden von jeder Sorte benötigt?

6. Frau M hat ein Darlehen zu 8 % Zinsen aufgenommen. Es wurde eine feste Tilgungsrate vereinbart. Im ersten Jahr zahlt sie insgesamt 1400 DM, im zweiten Jahr 1325 DM. Wie hoch ist das Darlehen und wie hoch die jährliche Tilgungsrate?

*7. Ein PKW wird abzüglich einem prozentualen Nachlaß zu 28 800 DM verkauft. Wäre der Nachlaß um 5 % niedriger, so hätte der Autohändler 1800 DM mehr eingenommen. Wie hoch war der ursprüngliche Preis? Wieviel Prozent Nachlaß wurde gewährt?

*8. Werden zwei elektrische Widerstände R_1 und R_2 parallelgeschaltet, so ist der Gesamtwiderstand R dieser Schaltung gegeben durch $\frac{1}{R} = \frac{1}{R_1} + \frac{1}{R_2}$. Durch Parallelschaltung zweier Widerstände soll ein Gesamtwiderstand von 21 Ohm erreicht werden. Die Einzelwiderstände R_1 und R_2 sind aus einem Widerstandsdraht von insgesamt 100 Ohm zu bilden, der (wegen der Strombelastung) vollständig verwendet werden muß.

Lösen Sie die Aufgabe 9 rechnerisch und graphisch, die Aufgaben 10 und 11 nur rechnerisch.

*9. a) $\begin{vmatrix} y = x^2 + 11x - 1 \\ x = y - 10 \end{vmatrix}$ b) $\begin{vmatrix} x \cdot y = 36 \\ y = x - 5 \end{vmatrix}$ c) $\begin{vmatrix} x^2 - 4 = y \\ x + y = -5 \end{vmatrix}$

*10. In einem rechtwinkligen Dreieck ist die Summe der Längen der Katheten (Seiten, die am rechten Winkel anliegen) gleich 20 cm. Der Flächeninhalt des Dreiecks ist 48 cm^2. Wie lang sind die Katheten?

*11. Der Quotient zweier Zahlen ist 3. Ihr Produkt ist 48. Wie lauten die Zahlen?

Lösen Sie graphisch.

*12. a) $\begin{vmatrix} x \cdot y = 10 \\ y = x^2 - 2 \end{vmatrix}$ b) $\begin{vmatrix} y - x^2 - 2x + 5 = 0 \\ y + x^2 - 6 = 0 \end{vmatrix}$ c) $\begin{vmatrix} y - 2 = 2^x \\ y + x^2 - 6 = 0 \end{vmatrix}$

3. Additionsverfahren

Vor der Sendung

Mit den bisher dargestellten Verfahren können Sie jedes lineare 2 x 2 - Gleichungssystem lösen, sofern es lösbar ist. Trotzdem werden Sie in dieser Lektion ein weiteres Verfahren vorgestellt bekommen, das Additionsverfahren. Dieses Verfahren ist in manchen Fällen praktischer als das Gleichsetzungs- oder das Einsetzungsverfahren. Außerdem läßt sich dieses Verfahren leichter schematisieren, so daß es von einem Computer angewandt werden kann. Die Fernsehsendung zeigt Ihnen einige Beispiele für Sachprobleme, die zu einem linearen Gleichungssystem führen, das sich gut mit dem Additionsverfahren lösen läßt. Für die Durchführung des Additionsverfahrens braucht man Kenntnisse über das kleinste gemeinschaftliche Vielfache (kgV). Falls Ihnen diese nicht mehr präsent sind, sollten Sie sich darüber informieren.

3

Übersicht

1. An **Beispielen linearer Gleichungssysteme** erkennt man, daß man verhältnismäßig einfach zur Lösung kommt, wenn bei der Addition der (beiden) Gleichungen eine Variable herausfällt. Dann läßt sich der Wert für die andere Variable leicht berechnen.
2. Zur Durchführung des Additionsverfahrens für lineare Gleichungssysteme kann man eine feste Abfolge der Rechenschritte, den **Kalkül des Additionsverfahrens**, angeben. Für das Additionsverfahren müssen die Gleichungen in der Standardform $a_1 x + b_1 y = c_1$ und $a_2 x + b_2 y = c_2$ vorliegen oder in diese umgewandelt werden.
3. Die **Sonderfälle linearer Gleichungssysteme**, nämlich daß keine Lösung oder unendlich viele Lösungen vorliegen, lassen sich auch beim Additionsverfahren im Laufe der Rechnung erkennen.
4. Zum **Lösen von Sachaufgaben** kann man sich ein Schema für das Vorgehen entwickeln. Ein solches Lösungsschema kann insbesondere bei etwas komplizierten Zusammenhängen hilfreich sein.

3.1 Beispiele für Gleichungssysteme

Beim Getränkeeinkauf kommt es vor, daß man sich die Einzelpreise nicht so genau merkt, aber die Gesamtsumme des Einkaufs noch weiß. Will dann ein Nachbar einen Teil der Getränke abkaufen, muß man sich die Einzelpreise errechnen können. Zum Beispiel: Bei einem Einkauf hat man vier Kästen Wasser und drei Kästen Bier erstanden und insgesamt dafür 58 DM bezahlt. Ein andermal hat man zwei Kästen Wasser und drei Kästen Bier für insgesamt 44 DM gekauft. Wieviel muß man nun dem Nachbarn für einen Kasten Bier berechnen?
Nennt man den Preis für einen Kasten Wasser x und für einen Kasten Bier y , so läßt sich folgendes Gleichungssystem aufstellen.

$$\left| \begin{array}{l} 4x + 3y = 58 \\ 2x + 3y = 44 \end{array} \right|$$

Man multipliziert die zweite Gleichung mit (– 1)

$$\begin{vmatrix} 4x + 3y = 58 \\ -2x - 3y = -44 \end{vmatrix}$$

Man addiert die erste Gleichung zur zweiten.

$$\begin{vmatrix} 4x + 3y = 58 \\ 2x = 14 \end{vmatrix}$$

In der 2. Gleichung ist das Glied mit y weggefallen. Aus dieser Gleichung errechnet man leicht x.

$$\begin{vmatrix} 4x + 3y = 58 \\ x = 7 \end{vmatrix}$$

Durch Einsetzen des Wertes 7 für x in die 1. Gleichung ermittelt man y .

$$\begin{vmatrix} 4 \cdot 7 + 3y = 58 \\ x = 7 \end{vmatrix}$$

$$\begin{vmatrix} 28 + 3y = 58 \\ x = 7 \end{vmatrix} \quad | -28$$

$$\begin{vmatrix} 3y = 30 \\ x = 7 \end{vmatrix} \quad | :3$$

$$\begin{vmatrix} y = 10 \\ x = 7 \end{vmatrix}$$

Ein Kasten Wasser kostet 7,00 DM und ein Kasten Bier 10,00 DM. Machen Sie die Probe.

→ ①

Die Fernsehsendung hat Ihnen Schiffahrten mit der Strömung und gegen die Strömung gezeigt. Ein solcher Sachverhalt liegt bei folgendem Beispiel vor.
Ein Motorschiff braucht für die Strecke Bingen - Koblenz (60 km) 2 Std. 30 Min. Für die Strecke Koblenz - Bingen braucht es 4 Std. 10 Min. Wie groß ist die Eigengeschwindigkeit des Schiffes und die Strömungsgeschwindigkeit des Rheins, wenn beide als gleichbleibend angenommen werden?
Fährt das Schiff rheinabwärts, so addieren sich die Eigengeschwindigkeit und die Strömungsgeschwindigkeit. Rheinaufwärts allerdings muß man von der Eigengeschindigkeit des Schiffes die Strömungsgeschwindigkeit abziehen. Nennt man die Eigengeschwindigkeit x und die Strömungsgeschwindigkeit y , so ergibt sich folgendes Gleichungssystem.

$$\begin{vmatrix} x + y = v_{rheinabwärts} \\ x - y = v_{rheinaufwärts} \end{vmatrix}$$

Hier muß man vor dem Weiterrechnen noch die Geschwindigkeiten bestimmen.

$v_{rheinabwärts} = \frac{60\text{ km}}{150\text{ min}}$ $\qquad v_{rheinaufwärts} = \frac{60\text{ km}}{250\text{ min}}$

$$\begin{vmatrix} x + y = 0,4 \\ x - y = 0,24 \end{vmatrix}$$

Man addiert die beiden Gleichungen.

$$\begin{vmatrix} 2x = 0,64 \\ x + y = 0,4 \end{vmatrix} \quad | :2$$

$$\begin{vmatrix} x = 0,32 \\ x + y = 0,4 \end{vmatrix}$$

Man setzt den x-Wert in die andere Gleichung ein.

$$\begin{vmatrix} x = 0,32 \\ 0,32 + y = 0,4 \end{vmatrix} \quad | -0,32$$

$$\begin{vmatrix} x = 0,32 \\ y = 0,08 \end{vmatrix}$$

Die Eigengeschwindigkeit des Schiffes beträgt $0,32 \frac{km}{min} = 19,2 \frac{km}{Std.}$, die Strömungsgeschwindigkeit des Rheines $0,08 \frac{km}{min} = 4,8 \frac{km}{Std.}$. Machen Sie die Probe. → ③

Mitunter ist es einfacher, das Addieren der beiden Gleichungen zweimal vorzunehmen. Bei dem vorliegenden Beispiel braucht man dann nur die zweite Gleichung für die zweite Addition mit (-1) zu multiplizieren.

$$\left| \begin{array}{l} x + y = 0{,}4 \\ x - y = 0{,}24 \end{array} \right| \qquad \left| \begin{array}{r} x + y = 0{,}4 \\ -x + y = -0{,}24 \end{array} \right|$$

$$2x = 0{,}64 \qquad 2y = 0{,}16$$

$$x = 0{,}32 \qquad y = 0{,}08$$

3

Aufgaben zu 3.1

1. Ein Sportflugzeug braucht für eine 60 km lange Strecke mit dem Wind 15 Minuten. Für den Rückflug gegen den Wind benötigt es 20 Minuten. Wie groß sind Windgeschwindigkeit und Geschwindigkeit des Flugzeugs?

2. Frau L bringt zwei Filme zum Entwickeln und läßt davon insgesamt 60 Abzüge machen. Für die Fotoarbeiten zahlt sie insgesamt 28,60 DM. Ein andermal zahlt sie für das Entwickeln zweier Filme und 72 Abzüge 32,80 DM. Wieviel kostet das Entwickeln eines Filmes, wieviel ein Abzug?

*3. Ein Polizeihubschrauber stellt die Länge einer Autokolonne auf der Autobahn und deren Geschwindigkeit fest, indem er die Kolonne sowohl in Fahrtrichtung als auch in Gegenrichtung abfliegt und die dafür benötigte Zeit mißt. Da die Hubschrauberbesatzung die Geschwindigkeit, mit der sie fliegt, kennt, kann sie daraus die zurückgelegte Strecke berechnen. Bei einer Autokolonne wurden folgende Daten gemessen: Geschwindigkeit des Hubschraubers $3\,\frac{\text{km}}{\text{min}}$, Zeit für das Überfliegen der Kolonne in Fahrtrichtung 3 min, gegen die Fahrtrichtung 2 min. Berechnen Sie aus diesen Angaben die Länge der Autoschlange und ihre Geschwindigkeit.

3.2 Der Kalkül des Additionsverfahrens

Die Zahlenwerte in den Beispielen aus Abschnitt 3.1 waren so beschaffen, daß man die Addition der Gleichungen direkt vornehmen konnte oder vorher nur eine der Gleichungen mit (-1) zu multiplizieren brauchte. Das muß natürlich nicht immer so sein. Betrachten Sie dazu dieses Beispiel:

$$\left| \begin{array}{l} 2x + 3y = 4 \\ 4x - 4y = 3 \end{array} \right|$$

Direkte Addition würde nicht weiterhelfen, da dann die Gleichung $6x - y = 7$ entstünde, in der weiterhin beide Variablen auftreten.

$$\left| \begin{array}{l} 2x + 3y = 4 \\ 4x - 4y = 3 \end{array} \right| \begin{array}{l} \mid \cdot 4 \\ \mid \cdot 3 \end{array}$$

Damit die Variable y beim Addieren herausfällt, muß man die erste Gleichung mit 4 und die zweite mit 3 multiplizieren.

$$\left| \begin{array}{r} 8x + 12y = 16 \\ 12x - 12y = 9 \end{array} \right|$$

Jetzt kann man addieren.

$$20x = 25$$

$$x = 1{,}25$$

Will man die Variable x herausfallen lassen, muß man die erste Gleichung mit 2 und die zweite mit (-1) multiplizieren. Führen Sie das aus und berechnen Sie so den Wert für y.
→ (2)

Auch bei einem Gleichungssystem wie diesem

$$\left| \begin{array}{l} 7x + 11y = 35 - 8x - 9y \\ 39y + 5x = -7x + 11y + 4 \end{array} \right|$$

kann man nicht sofort addieren. Auch eine Multiplikation der Gleichungen führt nicht weiter. Hier muß man zunächst eine Form herstellen, die die Anwendung des Additionsverfahrens erlaubt. Dazu bringt man die beiden Gleichungen auf die Standardform

$$\left| \begin{array}{l} a_1x + b_1y = c_1 \\ a_2x + b_2y = c_2 \end{array} \right|,$$

möglichst mit ganzen Zahlen a_1, b_1, c_1, a_2, b_2, c_2.

Für das obige Gleichungssystem geht dies folgendermaßen:

$$\left| \begin{array}{l} 7x + 11y = 35 - 8x - 9y \\ 39y + 5x = -7x + 11y + 4 \end{array} \right| \quad \begin{array}{l} | +8x + 9y \\ | +7x - 11y \end{array}$$

$$\left| \begin{array}{l} 15x + 20y = 35 \\ 12x + 28y = 4 \end{array} \right| \quad \begin{array}{l} | :5 \\ | :(-4) \end{array}$$

Nun gibt es zwei Möglichkeiten:

$$\left| \begin{array}{l} 3x + 4y = 7 \\ -3x - 7y = -1 \end{array} \right|$$

$$-3y = 6$$
$$y = -2$$

$$\left| \begin{array}{l} 3x + 4y = 7 \\ -3x - 7y = -1 \end{array} \right| \quad \begin{array}{l} | \cdot 7 \\ | \cdot 4 \end{array}$$

$$\left| \begin{array}{l} 21x + 28y = 49 \\ -12x - 28y = -4 \end{array} \right|$$

$$9x = 45$$
$$x = 5$$

Aus diesen Überlegungen läßt sich der **Kalkül für das Additionsverfahren** entwickeln.

$5x + 5(1 + y) = 3x + 10y$
$4(x + 3) - 2y = x - 6y + 39$

↓ Beide Gleichungen auf die Standardform bringen.

$2x - 5y = -5$
$3x + 4y = 27$

↓ Beide Gleichungen mit geeigneten Zahlen multiplizieren, so daß die Faktoren vor x den gleichen Betrag, aber verschiedene Vorzeichen haben.

$6x - 15y = -15$
$-6x - 8y = -54$

↓ Zur zweiten Gleichung die erste addieren. Es entsteht eine Gleichung, in der x nicht mehr auftritt.

$-23y = -69$

↓ Diese Gleichung nach y auflösen.

$y = 3$

↓ Wert für y in die erste Gleichung einsetzen und diese nach x auflösen.

$2x - 15 = -5$
$2x = 10$
$x = 5$

↓ Probe durchführen.

$25 + 5(1 + 3) = 15 + 30$
$4(5 + 3) - 6 = 5 - 18 + 39$

Wie Sie schon oben gesehen haben, kann man auch *beide* Variablen durch Addieren der Gleichungen erhalten. Das Ablaufschema sieht dann (in einem Beispiel) so aus.

$$\left|\begin{array}{rl} 7x - 2(y-3) &= 2x - 5y + 10 \\ 2(x+4) &= y + 3 \end{array}\right|$$

Beide Gleichungen auf die Standardform bringen.

$$\left|\begin{array}{rl} 5x + 3y &= 4 \\ 2x - y &= -5 \end{array}\right| \qquad \begin{array}{l} | \cdot 2 \\ | \cdot (-5) \end{array} \qquad \begin{array}{l} | \cdot 1 \\ | \cdot 3 \end{array}$$

Beide Gleichungen mit geeigneten Zahlen multiplizieren, so daß die Faktoren vor x bzw. vor y den gleichen Betrag, aber verschiedene Vorzeichen haben.

$$\left|\begin{array}{rl} 10x + 6y &= 8 \\ -10x + 5y &= 25 \end{array}\right| \qquad \left|\begin{array}{rl} 5x + 3y &= 4 \\ 6x - 3y &= -15 \end{array}\right|$$

Zur zweiten Gleichung die erste addieren. Es entsteht eine Gleichung, in der x nicht mehr auftritt. | **Zur zweiten Gleichung die erste addieren. Es entsteht eine Gleichung, in der y nicht mehr auftritt.**

$$11y = 33 \qquad 11x = -11$$

Diese Gleichung nach y auflösen. | **Diese Gleichung nach x auflösen.**

$$y = 3 \qquad x = -1$$

Probe durchführen.

$$\left|\begin{array}{rl} 7\cdot(-1) - 2\cdot(3-3) &= 2\cdot(-1) - 5\cdot 3 + 10 \\ 2\cdot(-1+4) &= 3 + 3 \end{array}\right|$$

$$\left|\begin{array}{rl} -7 &= -2 - 15 + 10 \\ 2\cdot 3 &= 6 \end{array}\right|$$

$$\left|\begin{array}{rl} -7 &= -7 \\ 6 &= 6 \end{array}\right|$$

Wie findet man die „geeigneten" Zahlen, mit denen man die Gleichungen multiplizieren muß? Meistens werden Sie intuitiv damit zurechtkommen. Betrachten Sie das Gleichungssystem

$$\left|\begin{array}{rl} 3x - 4y &= 4 \\ 4x + 6y &= 28 \end{array}\right|$$

Womit würden Sie die Gleichungen multiplizieren, damit erst x, dann y herausfällt? → (4)

Damit x herausfällt, muß ein Faktor positiv, der andere negativ sein. Sie multiplizieren die erste Gleichung mit dem Koeffizienten von x in der zweiten Gleichung, also 4, und die zweite Gleichung mit dem negativen Koeffizienten von x in der ersten Gleichung, also -3. Sie kommen immer zurecht, wenn Sie den Koeffizienten der Variablen aus der jeweils anderen Gleichung als (positiven bzw. negativen) Faktor nehmen. Mitunter kommt man aber mit kleineren Faktoren aus. Um in den obigen Gleichungen y herausfallen zu lassen, genügt es, die erste Gleichung mit 3 und die zweite Gleichung mit 2 zu multiplizieren. So kommt man jeweils auf die Zahl 12. (Im anderen Fall käme man auf die Zahl 24.) Die Zahl 12 ist das **kleinste gemeinschaftliche Vielfache**, kurz kgV genannt, der Zahlen 4 und 6. Es reicht also jeweils aus, auf das kleinste gemeinschaftliche Vielfache zu kommen. Der Begriff des kgV ist Ihnen sicher noch aus der Bruchrechnung bekannt.

Aufgaben zu 3.2

Lösen Sie bitte die folgenden Aufgaben entsprechend einem der Ablaufschemata.

1. a) $\left| \begin{array}{l} -x + y + 9 = 0 \\ x + 5y + 15 = 0 \end{array} \right|$ b) $\left| \begin{array}{l} 2y - 4x = 2 \\ 2y + 4x = 10 \end{array} \right|$ c) $\left| \begin{array}{l} 2x + 5y = 3 \\ x - 5y = 9 \end{array} \right|$

2. a) $\left| \begin{array}{l} 12x - 25y = 50 \\ 36x + 100y = -20 \end{array} \right|$ b) $\left| \begin{array}{l} 12x + 7y + 16 = 0 \\ 8x - 21y + 31{,}2 = 0 \end{array} \right|$ c) $\left| \begin{array}{l} 20x - 15y = 45 \\ 4x + 3y = 15 \end{array} \right|$

*3. a) $\left| \begin{array}{l} \frac{2}{3}x + y - 4 = 0 \\ 2x + \frac{9}{2}y - 18 = 0 \end{array} \right|$ b) $\left| \begin{array}{l} 2{,}0x + 0{,}3y = 26{,}4 \\ 0{,}4x + 1{,}5y = 2{,}4 \end{array} \right|$ c) $\left| \begin{array}{l} \frac{x}{2} = \frac{3}{2} + \frac{y+1}{3} \\ \frac{x-1}{3} = \frac{9}{2} + \frac{y}{2} \end{array} \right|$

3.3 Die Sonderfälle beim Additionsverfahren

Vor der Anwendung des Additionsverfahrens brauchen Sie nicht nach dem Verfahren von Lektion 1.4 (Seite 17) zu prüfen, ob das Gleichungssystem eine Lösung, keine Lösung oder unendlich viele Lösungen hat. Dies läßt sich auch beim Additionsverfahren erkennen.

Keine Lösung	**Unendlich viele Lösungen**
$\left\| \begin{array}{l} 2x + 3y = 5 \\ x + 1{,}5y = 3 \end{array} \right\| \quad \| \cdot 2$	$\left\| \begin{array}{l} 2x + 3y = 5 \\ x + 1{,}5y = 2{,}5 \end{array} \right\| \quad \| \cdot 2$

Beide Gleichungen auf die Standardform bringen.

$\left\| \begin{array}{l} 2x + 3y = 5 \\ 2x + 3y = 6 \end{array} \right\|$	$\left\| \begin{array}{l} 2x + 3y = 5 \\ 2x + 3y = 5 \end{array} \right\|$

Wenn man die Standardform mit ganzen Zahlen herstellt, erkennt man oft schon an dieser Stelle, daß im Falle links keine Lösung und im Falle rechts unendlich viele Lösungen vorhanden sind. Denn die Terme auf den linken Seiten der beiden Gleichungen unterscheiden sich nicht. Im linken Fall unterscheiden sich jedoch die Zahlen auf der rechten Seite der Gleichungen. Also kann es keine Lösung geben. Im Falle rechts sind auch die Zahlen auf der rechten Seite der Gleichungen gleich. Also sind alle Zahlenpaare, die die erste Gleichung erfüllen auch Lösungspaare für die zweite Gleichung. Bei der graphischen Lösung ergeben sich im Falle „keine Lösung" zwei parallele Geraden (also ohne Schnittpunkte), im Falle „unendlich viele Lösungen" zweimal dieselbe Gerade.
Auf jeden Fall aber zeigt das weitere Additionsverfahren den jeweiligen Sonderfall an.

$\left\| \begin{array}{l} 2x + 3y = 5 \\ 2x + 3y = 6 \end{array} \right\| \quad \| \cdot (-1)$	$\left\| \begin{array}{l} 2x + 3y = 5 \\ 2x + 3y = 5 \end{array} \right\| \quad \| \cdot (-1)$

Beide Gleichungen mit geeigneten Zahlen multiplizieren, so daß die Faktoren vor x den gleichen Betrag, aber verschiedene Vorzeichen haben.

$\left\| \begin{array}{r} 2x + 3y = 5 \\ -2x - 3y = -6 \end{array} \right\|$	$\left\| \begin{array}{r} 2x + 3y = 5 \\ -2x - 3y = -5 \end{array} \right\|$

Die zweite Gleichung zur ersten addieren.

$\left\| \begin{array}{r} 0 = -1 \\ -2x - 3y = -6 \end{array} \right\|$	$\left\| \begin{array}{r} 0 = 0 \\ -2x - 3y = -5 \end{array} \right\|$
Widerspruch	Für $y = -\frac{2}{3}x + \frac{5}{3}$ stets erfüllt.

Zwei weitere Beispiele sollen das Verfahren nochmals verdeutlichen. Zur Anwendung des Additionsverfahrens muß immer zuerst die Standardform des Gleichungssystems hergestellt werden.

1. Beispiel:

$$\begin{vmatrix} \frac{x}{2} - 5y - 30 = 0 \\ 50y - 5x + 150 = 0 \end{vmatrix} \quad \begin{matrix} | + 30 \\ | - 150 \end{matrix}$$

$$\begin{vmatrix} \frac{x}{2} - 5y = 30 \\ 50y - 5x = -150 \end{vmatrix} \quad | \cdot 10$$

$$\begin{vmatrix} 5x - 50y = 300 \\ -5x + 50y = -150 \end{vmatrix} \quad | \text{ 1. zur 2. Gleichung addieren}$$

$$\begin{vmatrix} 5x - 50y = 300 \\ 0 = 150 \end{vmatrix} \quad \text{Widerspruch}$$

Das Gleichungssystem besitzt also keine Lösungen.

2. Beispiel:

$$\begin{vmatrix} 3(2x - 3) + 4(y - 2) = 7 \\ 2x - 3 = -\frac{4}{3} \cdot (y - 2) + 2\frac{1}{3} \end{vmatrix} \quad | \text{ Klammern ausmultiplizieren}$$

$$\begin{vmatrix} 6x - 9 + 4y - 8 = 7 \\ 2x - 3 = -\frac{4}{3}y + \frac{8}{3} + \frac{7}{3} \end{vmatrix} \quad \begin{matrix} | \text{ Zusammenfassen} \\ | \cdot 3 \end{matrix}$$

$$\begin{vmatrix} 6x + 4y - 17 = 7 \\ 6x - 9 = -4y + 8 + 7 \end{vmatrix} \quad \begin{matrix} | + 17 \\ | + 9 + 4y \end{matrix}$$

$$\begin{vmatrix} 6x + 4y = 24 \\ 6x + 4y = 24 \end{vmatrix}$$

Daran, daß zweimal dieselbe Gleichung entsteht, kann man bereits erkennen, daß das Gleichungssystem unendlich viele Lösungen hat. Die Rechnung führt man folgendermaßen fort:

$$\begin{vmatrix} 6x + 4y = 24 \\ 6x + 4y = 24 \end{vmatrix} \quad | \cdot (-1)$$

$$\begin{vmatrix} 6x + 4y = 24 \\ -6x - 4y = -24 \end{vmatrix} \quad | \text{ 1. zur 2. Gleichung addieren}$$

$$\begin{vmatrix} 6x + 4y = 24 \\ 0 = 0 \end{vmatrix}$$

Die zweite Gleichung ist also stets erfüllt. Nun löst man die erste Gleichung nach y auf und erhält:

$$6x + 4y = 24 \quad | -6x$$

$$4y = 24 - 6x \quad | : 4$$

$$y = 6 - \frac{3}{2}x$$

Lösungen sind alle Zahlenpaare $(x \mid 6 - \frac{3}{2}x)$.

Man kann also für x eine beliebige Zahl wählen und errechnet dann y aus dem Term $6 - \frac{3}{2}x$, indem man in dem Term die gewählte Zahl für x einsetzt.

Wählt man zum Beispiel für $x = 0$, so berechnet man y als $y = 6 - \frac{3}{2} \cdot 0$ und erhält das Lösungspaar $(0 \mid 6)$; für $x = 1$ erhält man $y = 6 - \frac{3}{2} \cdot 1$ und somit das Paar $(1 \mid 4\frac{1}{2})$; für $x = 2$

erhält man $y = 6 - \frac{3}{2} \cdot 2$, also das Paar $(2 \mid 3)$, für $x = 4$ das Paar $(4 \mid 0)$, für $x = -2$ das Paar $(-2 \mid 9)$ usw.

Aufgaben zu 3.3

Lösen Sie die Aufgaben zu 2.3 Nr. 1 und Nr. 2 (Seite 25) mit dem Additionsverfahren.

3.4 Das Lösen von Sachaufgaben

In den Lektionen über Gleichungssysteme haben Sie immer wieder Sachprobleme kennengelernt, zu denen die Gleichungen aufzustellen waren, die zur Lösung des Problems führen konnten. Bei der Umsetzung eines Sachproblems in mathematische Beziehungen kann man sich in etwa an ein Schema halten, das oft hilfreich zur Lösung solcher Aufgaben ist. Man geht dazu so vor:

1. Welche Größen sind in dem Sachproblem vorgegeben?

↓

2. Welche Größen sind gesucht? Man bezeichnet sie mit Variablen.

↓

3. Wie stehen diese Größen miteinander in Beziehung?

↓

4. Aus diesen Beziehungen werden die Gleichungen aufgestellt.

↓

5. Welche Zahlenmenge muß man dem Sachproblem zugrunde legen?

↓

6. Handelt es sich um ein Gleichungssystem, so wird es mit einem der jetzt bekannten Verfahren gelöst.

↓

7. Die Lösung wird in das Gleichungssystem eingesetzt und damit die Richtigkeit der Rechnung überprüft.

↓

8. Die Lösung wird anhand des Aufgabentextes überprüft und damit die Richtigkeit der aufgestellten Gleichungen, des „Ansatzes“, kontrolliert.

Dieses Verfahren können Sie an den folgenden Beispielen nachvollziehen.

1. Beispiel:
Ein Hotel hat 50 Betten in Einbett- und Zweibettzimmern. Es besitzt doppelt soviele Zweibettzimmer wie Einbettzimmer. Wieviele Einbettzimmer und wieviele Zweibettzimmer stehen zur Verfügung?

1. Vorgegeben sind: Es sind 50 Betten.
Ein Einbettzimmer hat 1 Bett.
Ein Zweibettzimmer hat 2 Betten.

	Die Anzahl der Zweibettzimmer ist doppelt so groß wie die Anzahl der Einbettzimmer.
2. Gesucht sind:	Die Anzahl der Einbettzimmer: x Die Anzahl der Zweibettzimmer: y
3. Beziehungen:	Es gibt $1 \cdot x$ Betten in Einbettzimmern. Es gibt $2 \cdot y$ Betten in Zweibettzimmern. $1 \cdot x$ Betten und $2 \cdot y$ Betten ergeben zusammen 50 Betten. y ist doppelt so groß wie x .
4. Gleichungen:	$\left\| \begin{array}{r} 1 \cdot x + 2 \cdot y = 50 \\ y = 2 \cdot x \end{array} \right\|$
5. Zahlenmenge:	Die Menge der natürlichen Zahlen IN , da keine negativen und keine gebrochenen Zimmer existieren.
6. Lösungen:	Zum Beispiel mit dem Einsetzungsverfahren. $x + 2 \cdot 2 \cdot x = 50$ $y = 2 \cdot 10$ $5x = 50$ $y = 20$ $x = 10$
7. Rechnerische Probe:	$10 + 2 \cdot 20 = 50$ $50 = 50$
8. Sachliche Prüfung:	20 Zweibettzimmer ist die doppelte Anzahl wie 10 Einbettzimmer. In 20 Zweibettzimmern sind 40 Betten, in 10 Einbettzimmern 10 Betten, also zusammen 50 Betten.

2. Beispiel:

Aus 90 %igem und 36 %igem Alkohol sollen 30 Liter 60 %igen Alkohols gemischt werden. Wieviel Liter von jeder Sorte sind zu verwenden?

1. Vorgegeben sind:	In der ersten Alkoholsorte sind $\frac{90}{100}$ reiner Alkohol. In der zweiten Alkoholsorte sind $\frac{36}{100}$ reiner Alkohol. In der Mischsorte sollen $\frac{60}{100}$ reiner Alkohol sein. Von der Mischsorte sollen 30 Liter hergestellt werden. In den 30 l sind also $\frac{60}{100} \cdot 30$ Liter = 18 Liter reiner Alkohol.
2. Gesucht ist:	Anzahl der Liter der ersten Sorte: x Anzahl der Liter der zweiten Sorte: y
3. Beziehungen:	In x Litern der ersten Sorte sind $\frac{90}{100} \cdot x$ Liter reiner Alkohol. In y Litern der zweiten Sorte sind $\frac{36}{100} \cdot y$ Liter reiner Alkohol. Zusammen müssen dies 18 Liter reiner Alkohol sein. x Liter der ersten Sorte und y Liter der zweiten Sorte müssen 30 Liter ergeben.
4. Gleichungen:	$\left\| \begin{array}{r} \frac{90}{100} \cdot x + \frac{36}{100} \cdot y = 18 \\ x + y = 30 \end{array} \right\|$

3

5. Zahlenmenge: Für das Sachproblem ist die Menge der positiven rationalen Zahlen $\mathbb{Q}_+^*$ angemessen.

6. Lösungen: Um die Brüche zu vermeiden, kann man die 1. Gleichung mit 100 multiplizieren und durch 18 dividieren. So erhält man zum Beispiel mit dem Additionsverfahren:

$$\left| \begin{array}{r} 5x + 2y = 100 \\ x + y = 30 \end{array} \right| \quad | \cdot(-5) \qquad | \cdot(-2)$$

$$\left| \begin{array}{rcr} 5x + 2y &=& 100 \\ -5x - 5y &=& -150 \end{array} \right| \qquad \left| \begin{array}{rcr} 5x + 2y &=& 100 \\ -2x - 2y &=& -60 \end{array} \right|$$

$$\left| \begin{array}{rcr} 5x + 2y &=& 100 \\ -3y &=& -50 \end{array} \right| \qquad \left| \begin{array}{rcr} 5x + 2y &=& 100 \\ 3x &=& 40 \end{array} \right|$$

$$y = 16\tfrac{2}{3} \qquad\qquad x = 13\tfrac{1}{3}$$

7. Rechnerische Probe:

$$\left| \begin{array}{rcl} 0{,}9 \cdot 13\tfrac{1}{3} + 0{,}36 \cdot 16\tfrac{2}{3} &=& 18 \\ 13\tfrac{1}{3} + 16\tfrac{2}{3} &=& 30 \end{array} \right|$$

$$\left| \begin{array}{rcl} 12 + 6 &=& 18 \\ 30 &=& 30 \end{array} \right|$$

8. Sachliche Prüfung: Durch $13\frac{1}{3}$ Liter der ersten Sorte werden 12 Liter reinen Alkohols und durch $16\frac{2}{3}$ Liter der zweiten 6 Liter reinen Alkohols in die 30 Liter Mischung eingebracht. Enthalten 30 Liter Flüssigkeit 18 Liter reinen Alkohol, so handelt es sich um eine 60 %ige Lösung.

3. Beispiel:

Jemand hat bei einer Bank zwei Geldbeträge angelegt; den ersten zu 4 %, den zweiten zu 5 %. Er erhält jährlich 320 DM Zinsen. Hätte er den ersten Betrag zu 5 % und den zweiten Betrag zu 4 % angelegt, so erhielte er jährlich 10 DM Zinsen weniger. Wie hoch sind die Geldbeträge?

1. Vorgegeben sind: Der erste Geldbetrag wird mit 4 % verzinst.
Der zweite Geldbetrag wird mit 5 % verzinst.
Die jährlichen Zinseinnahmen insgesamt sind 320 DM.
Wird der erste Geldbetrag mit 5 % verzinst und der zweite mit 4 %, so sind die jährlichen Zinsen insgesamt 310 DM.

2. Gesucht ist: Die Höhe des ersten Geldbetrags: x
Die Höhe des zweiten Geldbetrags: y

3. Beziehungen: $\frac{4}{100}$ vom ersten Geldbetrag und $\frac{5}{100}$ vom zweiten Geldbetrag sind zusammen 320 DM.
$\frac{5}{100}$ vom ersten Geldbetrag und $\frac{4}{100}$ vom zweiten Geldbetrag sind zusammen 310 DM.

4. Gleichungen:

$$\begin{array}{rcl} 0{,}04\,x + 0{,}05\,y &=& 320 \\ 0{,}05\,x + 0{,}04\,y &=& 310 \end{array}$$

5. Zahlenmenge: Für Geldbeträge in DM ist die Menge der rationalen Zahlen $\mathbb{Q}_+^*$ angemessen.

6. Lösungen: Nach Multiplikation beider Gleichungen mit 100 zum Beispiel mit der Additionsmethode.

$$\left| \begin{array}{l} 4x + 5y = 32000 \\ 5x + 4y = 31000 \end{array} \right| \quad \begin{array}{ll} | \cdot 5 & | \cdot 4 \\ | \cdot (-4) & | \cdot (-5) \end{array}$$

$$\left| \begin{array}{rcl} 20x + 25y &=& 160000 \\ -20x - 16y &=& -124000 \end{array} \right| \qquad \left| \begin{array}{rcl} 16x + 20y &=& 128000 \\ -25x - 20y &=& -155000 \end{array} \right|$$

$$\begin{array}{rcl} 9y &=& 36000 \\ y &=& 4000 \end{array} \qquad \begin{array}{rcl} -9x &=& -27000 \\ x &=& 3000 \end{array}$$

7. Rechnerische Probe:

$$\left| \begin{array}{rcl} 0{,}04 \cdot 3000 + 0{,}05 \cdot 4000 &=& 320 \\ 0{,}05 \cdot 3000 + 0{,}04 \cdot 4000 &=& 310 \end{array} \right|$$

$$\left| \begin{array}{rcl} 120 + 200 &=& 320 \\ 150 + 160 &=& 310 \end{array} \right|$$

8. Sachliche Prüfung: Die Geldbeträge sind 3 000 DM und 4 000 DM. Die rechnerische Probe mit diesen und den im Text vorgegebenen Werten bestätigt das Ergebnis.

Aufgaben zu 3.4

1. Zwei Freunde gewinnen zusammen 45 000 DM. Der erste legt sein Geld zu $4\frac{1}{2}$ %, der zweite zu 5 % an. Sie erhalten gleichviel Zinsen jährlich. Wie groß ist der Gewinnanteil eines jeden?

*2. Herr A hat von der Bank ein Darlehen zu 7 % und von einem Privatgläubiger ein weiteres Darlehen zu 5 % erhalten. Nach einem Jahr zahlt er insgesamt 2 200 DM Zinsen. Außerdem zahlt er der Bank 3 000 DM zurück. Im nächsten Jahr erhöht sich der Zinssatz bei der Bank auf $7\frac{1}{2}$ %. Die Jahreszinsen für beide Darlehen betragen nun zusammen 2 075 DM. Wie hoch waren die Darlehen?

*3. Zwei Zahnräder greifen ineinander. Wenn das größere sich zweimal dreht, dreht sich das kleinere dreimal. Das größere hat 15 Zähne mehr als das kleinere. Berechnen Sie die Anzahl der Zähne der Zahnräder.

4. Ein Weinfaß enthält 8 l weniger als ein zweites. Werden 28 l aus dem zweiten in das erste Faß gegossen, so enthält dieses dreimal soviel Wein wie das zweite. Wieviel Liter Wein waren anfangs in den Fässern?

*5. Ein Landwirt hat $2\frac{1}{2}$mal soviel Hühner wie Schweine. Die Hühner und Schweine haben zusammen 90 Beine. Wieviel Hühner, wieviel Schweine sind es?

6. Aus dem Rechenbuch des Adam Ries (1574).
Zween wöllen ein pferdt kauffen / als A. und B. für 15 fl.* Spricht A. zum B. gib mir deines gelts ein drittheil / so wil ich meins darzu thun / und das pferdt bezahlen. Spricht B. zum A. gib mir von deinem gelt ein viertheil / so will ich mit meinem gelt hinzugethan das pferdt bezahlen. Nun frage ich / wie viel jeglicher in sonderheit gelts hab? *(fl. = florentiner Gulden)

Wiederholungsaufgaben

Lösen Sie die Gleichungssysteme.

1. a) $\left| \begin{aligned} 2x - 2y - 6 &= 0 \\ x + 2y &= 0 \end{aligned} \right|$ b) $\left| \begin{aligned} 5x - 3y &= -4 \\ 12x + 3y &= -3 \end{aligned} \right|$ c) $\left| \begin{aligned} 9x + 208y - 15 &= 0 \\ -9x + 72y - 55 &= 0 \end{aligned} \right|$

2. a) $\left| \begin{aligned} 5x - 3y &= 10 \\ x - 20 &= -\tfrac{3}{2}y \end{aligned} \right|$ b) $\left| \begin{aligned} x - 4(1-y) &= 3 + 3y \\ 3(x+1) - y &= 6 + 2x \end{aligned} \right|$ c) $\left| \begin{aligned} 1{,}21\,x &= 45{,}2\,y + 13{,}1 \\ 1{,}21\,x &= 20{,}4\,y + 11{,}7 \end{aligned} \right|$

3. a) $\left| \begin{aligned} 2y + 4 &= 2x \\ 4x + y &= 2 \end{aligned} \right|$ b) $\left| \begin{aligned} 3x - y - 1{,}5(x-y) &= 41 \\ 1{,}5(2x-y) + 2(x-2y) &= 43{,}5 \end{aligned} \right|$ c) $\left| \begin{aligned} 8x - 9y &= 20 \\ 12x - 6y &= 5 \end{aligned} \right|$

*4. Lösen Sie $\left| \begin{aligned} 3(2x-1) - 4(y-3) - 7 &= 0 \\ 5(2x-1) - 6(y-3) - 13 &= 0 \end{aligned} \right|$

5. Eine Stiftung unterstützt 8 Schüler und 12 Studenten mit einem monatlichen Betrag. Zur Zeit stehen für die Förderung insgesamt 7 560 DM im Monat zur Verfügung. Wegen der höheren Aufwendungen soll der Förderbetrag für einen Studenten 80 DM höher sein als der Förderbetrag für einen Schüler. Wie hoch können die Beträge für einen Studenten, wie hoch für einen Schüler sein?

6. Ein Hotel hat 50 Zimmer und 110 Betten. Es sind nur Zwei- und Dreibettzimmer vorhanden. Wieviele jeweils?

7. Ein Winzer bietet die Flasche frei Haus zu 8 DM an. Holt man sie selbst ab, so braucht man nur 7,50 DM zu bezahlen. Ab wieviel Flaschen lohnt sich das Selbst-Abholen, wenn die Fahrkosten zum Winzer 30 DM betragen?

8. Ein Elektrizitätswerk bietet für eine Wohnung zwei Tarife an.
Tarif I : Grundgebühr monatlich 28,00 DM und 18 Pfennige je kWh.
Tarif II : Grundgebühr monatlich 24,00 DM und 28 Pfennige je kWh.
Welcher Tarif ist bei einem Monatsverbrauch von 100 kWh (200 kWh, 500 kWh) günstiger?

9. In einer Schule waren im letzten Jahr 600 Schüler, in diesem Jahr sind es 688 Schüler. Die Zahl der Jungen erhöhte sich um 10 %, die Zahl der Mädchen um 20 %. Wieviele Jungen und wieviele Mädchen sind in der Schule?

*10. Der Schnelldampfer von Köln nach Bonn benötigt für die 30 km lange Strecke auf dem Rhein 2 Stunden 20 Minuten (Bergfahrt). Für die Talfahrt von Bonn nach Köln braucht er nur 1 Stunde 25 Minuten. Wie groß sind die Eigengeschwindigkeit des Dampfers und die Strömungsgeschwindigkeit des Rheins?

11. Aus dem Rechenbuch des Adam Ries (1574): 21 Personen / Männer und Frauwen / haben vertruncken 81 d*. ein Mann soll geben 5 d. und eine Frauw 3 d. Nun frag ich wie viel jeglicher in sonderheit gewesen seind. (*d. = Pfennig.)
Berechnen Sie, wieviele Frauen, wieviele Männer es waren.

*12. Aus dem Rechenbuch des Adam Ries (1574): Einer dinget einen Arbeyter 30 tag / wenn er arbeyt so gibt er ihm siben pfennig / So er aber feiret / rechnet er ihm ab fünff d. und da die dreissig tag verschienen sind / ist keiner dem andern schuldig blieben. Die frag wieviel tag er gearbeyt / und auch wieviel tag er gefeiert hab.

4. Quadratische Funktionen

Vor der Sendung

Die Lektionen 4 bis 6 beschäftigen sich mit quadratischen Funktionen und quadratischen Gleichungen. Zentrales Thema der Lektion 4 ist die graphische Darstellung quadratischer Funktionen im Koordinatensystem. Untersucht wird vor allem der Zusammenhang zwischen **Funktionsgleichung und Graph** von **quadratischen Funktionen.** Zum Anfertigen von Zeichnungen benötigen Sie besonders in dieser Lektion eine *Parabelschablone.*
Für die Berechnungen, die in Sendung und Buch durchgeführt werden, benötigen Sie Kenntnisse über die *binomischen Formeln.*

4

Übersicht

1. **Der Graph der quadratischen Funktion** $y = x^2$ ist die Grundlage für alle weiteren Betrachtungen zu quadratischen Funktionen.

2. **Die quadratische Funktion** $y = x^2 + y_S$ beschreibt die Graphen, die durch Verschiebung der Normalparabel in Richtung der y-Achse entstehen.

3. **Die quadratische Funktion** $y = (x - x_S)^2$ beschreibt die Graphen, die durch Verschiebung der Normalparabel in Richtung der x-Achse entstehen.

4. **Graphen zu quadratischen Funktionen der Form** $y = x^2 + b \cdot x + c$ entstehen durch Verschiebung der Normalparabel in x- und y-Richtung. Man kann sie mit der Schablone zeichnen, wenn man den Scheitelpunkt kennt.

5. Durch Strecken und Verschieben der Normalparabel entsteht der **Graph der Funktion** $y = a \cdot x^2 + b \cdot x + c$.

4.1 Der Graph der quadratischen Funktion $y = x^2$

In den Lektionen 4 und 5 werden quadratische Funktionen behandelt. Man nennt diese Funktionen „quadratische Funktionen“, weil in der Funktionsgleichung die Variable x in der zweiten Potenz (im Quadrat) steht:

> Funktionen mit der Funktionsgleichung $y = a \cdot x^2 + b \cdot x + c \quad (a, b, c \in \mathbb{R},\ a \neq 0)$ nennt man **quadratische Funktionen.**

Die einfachste quadratische Funktion ist $y = x^2$. Der Graph dieser Funktion ist Grundlage für alle weiteren Betrachtungen und soll deshalb hier ausführlich vorgestellt werden.

Um den Graph einer unbekannten Funktion im Koordinatensystem zu bestimmen, muß man zunächst eine Wertetabelle erstellen:

x	$y = x^2$
− 2,5	6,25
− 2	4
−1,5	2,25
−1	1
−0,5	0,25
0	0
0,5	0,25
1	1
1,5	2,25
2	4
2,5	6,25

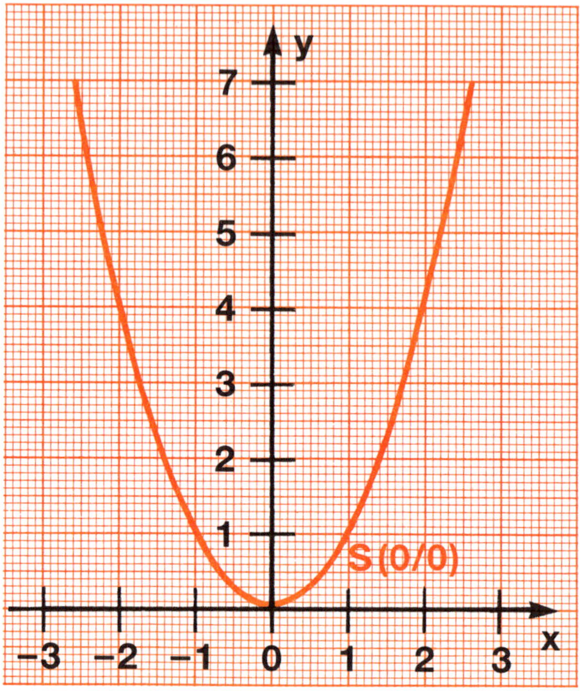

Alle Punkte, die aus der Wertetabelle entnommen werden können, liegen auf einer Kurve, deren Form man Parabel nennt: Der Graph der Funktion $y = x^2$ ist eine nach oben geöffnete **Normalparabel.** Für jeden x-Wert existiert ein y-Wert, d.h. der *Definitionsbereich* D der Funktion ist IR. (D = IR)

Der Graph verläuft - mit Ausnahme des Punktes (0 | 0) - oberhalb der x-Achse. Alle y-Werte des Graphen sind positive Zahlen; d.h. der *Wertebereich* W der Funktion ist IR_+ ($W = IR_+$). Im Koordinatenursprung besitzt der Graph ein Minimum, es ist der *Scheitelpunkt* S (0 I 0). Der Graph von $y = x^2$ ist *symmetrisch zur y-Achse*. Schon an der Wertetabelle sieht man, daß x-Werten mit dem gleichen Betrag (z.B. 2 und −2) der gleiche y-Wert zugeordnet ist. Dies läßt sich allgemein so formulieren: Für alle x gilt: $(+x)^2 = (-x)^2$.

Zusammenfassend gilt für die quadratische Funktion $y = x^2$:

Der Graph der quadratischenFunktion $y = x^2$ ist eine nach oben geöffnete Normalparabel mit dem Scheitelpunkt S (0 I 0) .

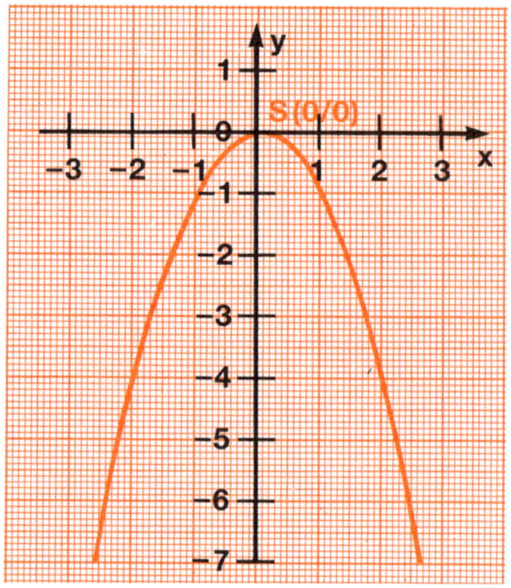

Spiegelt man den Graph der Normalparabel an der x-Achse, so erhält man diesen Graph :
Die gespiegelte Normalparabel ist nach unten geöffnet. Der Scheitelpunkt (0 | 0) ist ein Maximum.
Mit Ausnahme von (0 I 0) verläuft der Graph unterhalb der x-Achse. Die Funktionsgleichung lautet $y = -x^2$, denn in der Wertetabelle müßten die y-Werte alle negativ sein. Auch die gespiegelte Normalparabel ist symmetrisch zur y-Achse, denn es gilt:

$$-(+x)^2 = -(-x)^2 .$$

Aufgaben zu 4.1

1. Bestimmen Sie den Definitionsbereich und den Wertebereich zu $y = -x^2$.

2. Ergänzen Sie die fehlenden Koordinaten
   a) bei $y = x^2$ $P(-4{,}5 \mid ?)$; $Q(? \mid 5)$ b) bei $y = -x^2$ $P(3{,}5 \mid ?)$; $Q(? \mid -9)$

4.2 Die quadratische Funktion $y = x^2 + y_s$

In diesem und den folgenden Kapiteln soll nun untersucht werden, wie sich eine Verschiebung oder Spiegelung der Normalparabel im Funktionsterm auswirkt.

Betrachten wir zunächst eine in Richtung der y-Achse verschobene Normalparabel. In diesem Beispiel wurde die Normalparabel um 2 Einheiten entlang der y-Achse nach oben verschoben. Anhand von Punkten mit gleichem x-Wert bei beiden Parabeln kann man feststellen, daß die y-Werte der verschobenen Parabel jeweils um 2 erhöht wurden. Das gilt auch für den Scheitelpunkt, der jetzt bei $(0 \mid 2)$ liegt. Da zum Wert x^2 der verschobenen Parabel jeweils +2 addiert werden muß, um den zugehörigen y-Wert zu erhalten, lautet die Funktionsgleichung: $y = x^2 + 2$.

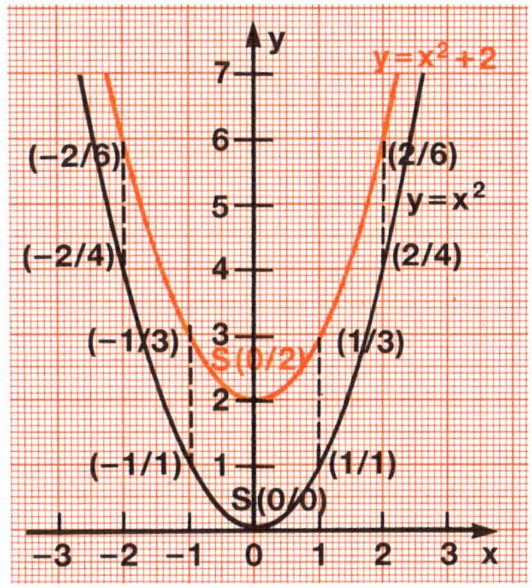

Verschiebt man die Parabel entlang der y-Achse nach unten, dann sind die y-Werte der verschobenen Parabel jeweils um diesen Betrag niedriger als die entsprechenden y-Werte der Parabel $y = x^2$.

Bitte ergänzen Sie, wie die Funktionsgleichung der nach unten verschobenen Parabel im nebenstehenden Beispiel lautet :

y = ...

→ ③

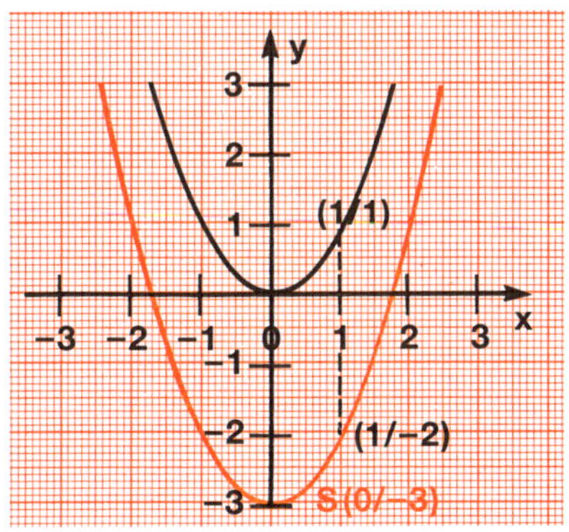

Den Betrag, um den eine Parabel in Richtung der y-Achse verschoben wird, nennen wir allgemein y_S . Dann gilt für Funktionsgleichung und Graph einer in Richtung der y-Achse verschobenen Parabel folgender Zusammenhang:

> Der Graph der quadratischen Funktion mit der Funktionsgleichung $y = x^2 + y_S$ ist eine nach oben geöffnete Normalparabel mit dem Scheitelpunkt $(0 \mid y_S)$.

In der gleichen Weise läßt sich die gespiegelte Normalparabel in y-Richtung verschieben. Ihre Funktiongleichung lautet allgemein $y = -x^2 + y_S$. Der Scheitelpunkt liegt bei $(0 \mid y_S)$, die Parabel ist nach unten geöffnet. Hier einige Beispiele, bei denen Sie die Funktionsgleichung ergänzen können : → ①

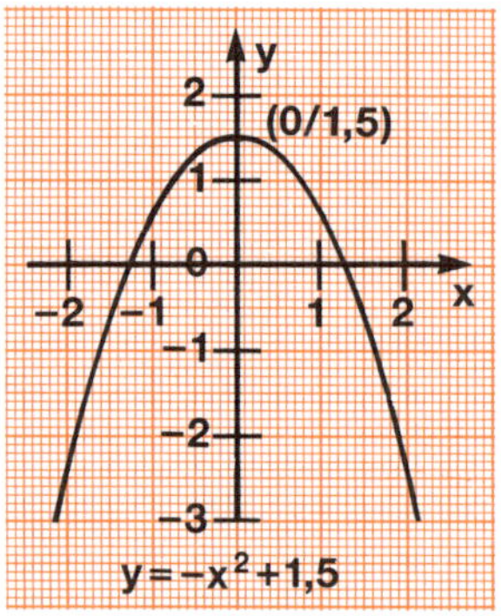

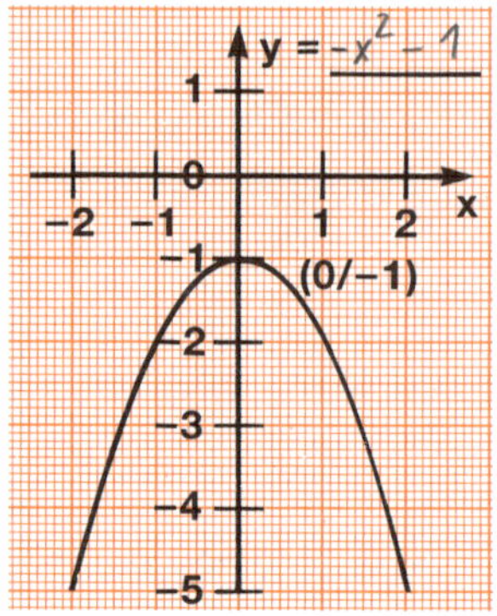

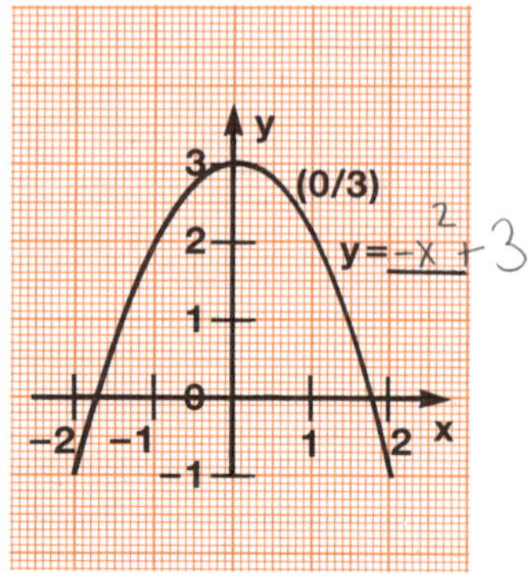

Bisher wurden zu vorgegebenen Graphen im Koordinatensystem die Funktionsgleichungen bestimmt. Will man umgekehrt zu einer gegebenen Funktionsgleichung einer quadratischen Funktion den Graphen zeichnen, dann geht man folgendermaßen vor: Aus der Funktionsgleichung liest man den Scheitelpunkt ab und bestimmt, ob die Parabel nach oben oder unten geöffnet ist. Nun legt man die Parabelschablone in entsprechender Ausrichtung am Scheitelpunkt an und zeichnet den Graphen. Wenn man diese Zusammenhänge zwischen Funktionsgleichung und Lage des Graphen im Koordinatensystem kennt, kann man den Graphen einfach zeichnen. Sie können dies an den Wertetabellen der abgebildeten Parabeln überprüfen. In diesem Kapitel ist nur die erste Parabel im Maßstab 1:1 abgebildet; alle übrigen sind verkleinert. Sie entsprechen also nicht der Größe Ihrer mit Hilfe der Schablone gezeichneten Parabeln.

4.3 Die quadratische Funktion $y = (x - x_s)^2$

Betrachten wir nun eine entlang der x-Achse verschobene Normalparabel, zum Beispiel diese, deren Scheitelpunkt bei (2 | 0) liegt.
Zur Bestimmung der Funktionsgleichung vergleichen wir wieder die verschobene Parabel mit der Parabel $y = x^2$. Bei Punkten mit gleichem y-Wert sind die x-Werte der verschobenen Parabel jeweils um 2 größer als die der Normalparabel $y = x^2$.

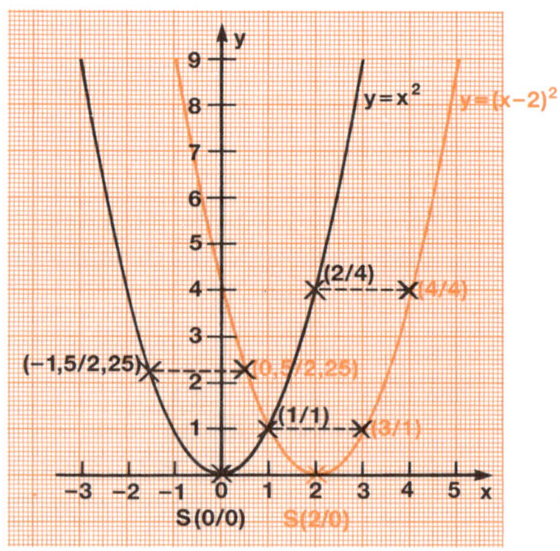

Die Frage nach der Funktionsgleichung kann man auch so stellen: Wie erhält man für die x-Werte der verschobenen Parabel durch Rechnung (Einsetzen in die gesuchte Funktionsgleichung) den zugehörigen y-Wert ?
Bei $y = x^2$ ist das bekannt: Man quadriert den x-Wert und erhält den y-Wert. Diese Grundkenntnis kann man für die verschobene Parabel nutzen: Man muß die Verschiebung rückgängig machen, dann kann man wie bei $y = x^2$ quadrieren, also gilt

für den x-Wert 4 : $(4 - 2)^2 = 4$
für den x-Wert 3 : $(3 - 2)^2 = 1$
für den x-Wert 2 : $(2 - 2)^2 = 0$
für den x-Wert 0,5 : $(0{,}5 - 2)^2 = 2{,}25$
Für alle x-Werte : $(x - 2)^2 = y$
Bitte vergleichen Sie jeweils in der Zeichnung.

Die Funktionsgleichung für die um +2 in Richtung der x-Achse verschobene Normalparabel lautet also : $y = (x-2)^2$. Der entscheidende Gedanke ist der, die Verschiebung in x-Richtung rückgängig zu machen, um die ursprüngliche Form $y = x^2$ anwenden zu können.
Aus der Funktionsgleichung läßt sich direkt der Scheitelpunkt (2 I 0) ablesen, denn es gilt : $(2-2)^2 = 0$.
Nennen wir allgemein den Betrag der Verschiebung in Richtung der positiven x-Achse x_S , dann gilt :

> Der Graph der quadratischen Funktion mit der Funktionsgleichung $y = (x - x_S)^2$ ist eine nach oben geöffnete Normalparabel mit dem Scheitelpunkt (x_S I 0) .

Die nächste Übung soll die umgekehrte Fragestellung behandeln: Wie sieht die graphische Darstellung der quadratischen Funktion mit der Funktionsgleichung $y = (x+3)^2$ aus ?
Es ist eine in x-Richtung verschobene Normalparabel. Dem Wert $-x_S$ in der allgemeinen Form entspricht hier der Wert +3 . Also muß $x_S = -3$ sein;
Dann muß der Scheitelpunkt bei (–3 I 0) liegen. Das kann man durch Einsetzen in die Gleichung bestätigen: $(-3+3)^2 = 0$.

Tragen Sie nun mit Hilfe der Parabelschablone den Graph in ein Koordinatensystem ein.

→ (4)

Zum Abschluß soll nun die gespiegelte Normalparabel betrachtet werden.
In diesem Beispiel wurde eine gespiegelte Parabel um –1 in Richtung der x-Achse verschoben. Wie lautet die zugehörige Funktionsgleichung?
Außer am Scheitelpunkt (–1 I 0) verläuft die Parabel ganz im negativen Bereich der y-Achse. In der Funktionsgleichung muß daher ein Minuszeichen vor der Klammer stehen. Die Funktionsgleichung dieser Parabel lautet also: $y = -(x+1)^2$.

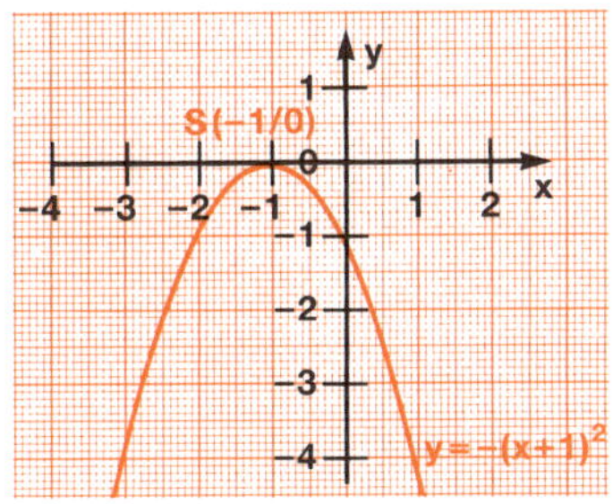

Aufgaben zu 4.2 und 4.3

1. Bestimmen Sie zu den Graphen dieser quadratischen Funktionen jeweils die Funktionsgleichung.

$y = x^2 - 1{,}5$ ✓ $y = (x - 0{,}5)^2$ ✓ $y = -x^2 + 2$ ✓ $y = -(x + 1{,}5)^2$ ✓

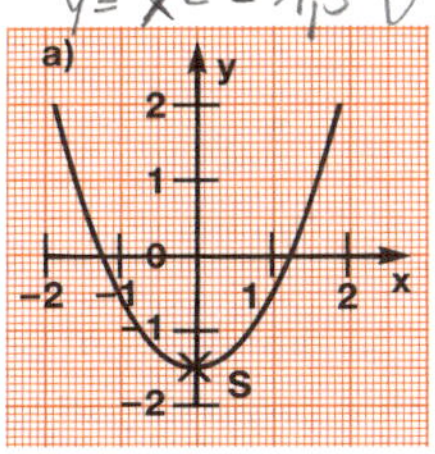

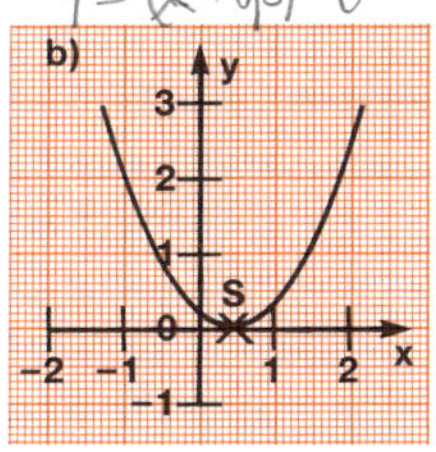

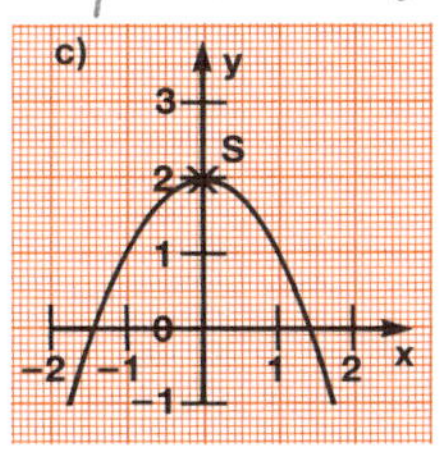

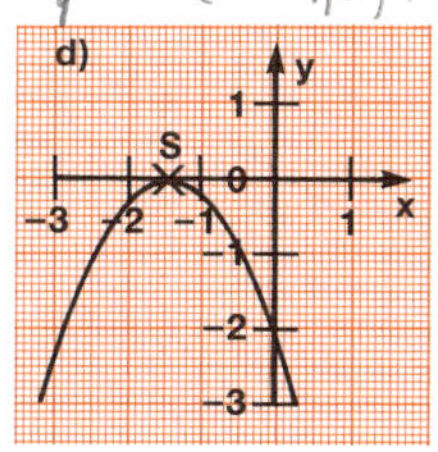

2. Zeichnen Sie die Graphen zu den quadratischen Funktionen mit den folgenden Funktionsgleichungen :
a) $y = x^2 + 0{,}5$ b) $y = (x + 0{,}5)^2$ c) $y = -(x - 0{,}5)^2$ d) $y = -x^2 - 0{,}5$

3. Wie lautet allgemein die Funktionsgleichung einer gespiegelten Normalparabel, die in Richtung der x-Achse verschoben wurde ? $y = -(x - x_S)^2$

4. Eine in y-Richtung verschobene Normalparabel geht durch den Punkt P (–4 I 14). Wie heißt die Funktionsgleichung ? $y = x^2 + y_S$

5. Eine in x-Richtung verschobene Normalparabel geht durch den Punkt (0 I 9). Wie heißt die Funktionsgleichung ? (Beachten Sie, daß es hier zwei Lösungen gibt.)

4.4 Graphen zu quadratischen Funktionen der Form $y = x^2 + b \cdot x + c$

In der Sendung haben Sie gesehen, daß zur Lösung eines Sachproblems quadratische Funktionen benötigt werden, deren Graphen im Koordinatensystem nicht nur entlang der x-Achse *oder* der y-Achse verschoben wurden.

In dem Beispiel wurde die Normalparabel um 4 Einheiten in x-Richtung und um 1 Einheit in y-Richtung verschoben. Der Scheitelpunkt liegt bei (4 I 1).

An der Funktionsgleichung kann man diese beiden Verschiebungen ablesen:

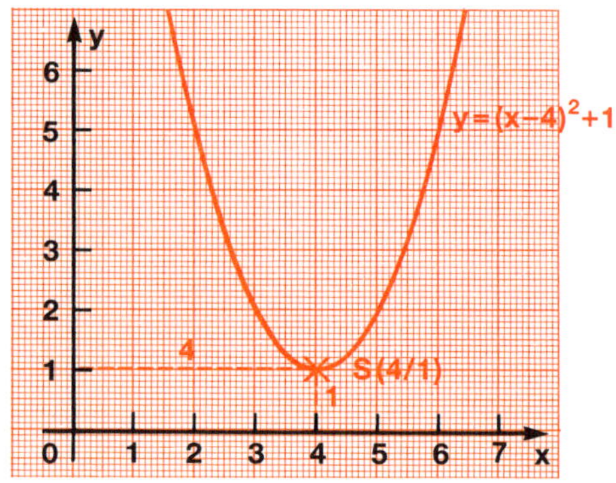

$$y = (x - 4)^2 + 1$$

Verschiebung in x-Richtung (bei $(x - 4)$) – Verschiebung in y-Richtung (bei $+ 1$)

Daß $y = (x - 4)^2 + 1$ die Funktionsgleichung für diesen Graph ist, kann man sich mit Hilfe des Scheitelpunktes überlegen. Setzt man $x = 4$ in die Funktionsgleichung ein, dann ist $(x - 4)^2 = (4 - 4)^2 = 0$ der kleinste Wert, den $(x - 4)^2$ annehmen kann. Alle anderen Einsetzungen für x führen durch das Quadrieren der Klammer zu höheren Werten für y. Der Punkt (4 I 1) ist also für diese Funktion ein Minimum; er ist damit Scheitelpunkt einer nach oben geöffneten Parabel. Diese Überlegungen bestätigen, daß $y = (x - 4)^2 + 1$ die Funktionsgleichung für den oben abgebildeten Graph ist.

Betrachten wir ein zweites Beispiel: Der Graph der quadratischen Funktion mit der Funktionsgleichung $y = (x + 3)^2 - 2$ soll gezeichnet werden. An der Funktionsgleichung wird die Verschiebung abgelesen:

$$y = (x + 3)^2 - 2$$

Verschiebung in x-Richtung (bei $(x + 3)$) – Verschiebung in y-Richtung (bei $- 2$)

Die Normalparabel wurde um – 3 in x-Richtung verschoben und um – 2 in y-Richtung. Der Scheitelpunkt liegt also bei (–3 I –2). Zeichnen Sie bitte den zugehörigen Graphen in ein Koordinatensystem. → (2)

Allgemein bezeichnen wir wieder die Verschiebung in x-Richtung mit x_S und die Verschiebung in y-Richtung mit y_S. Dann gilt:

> Der Graph der quadratischen Funktion mit der Funktionsgleichung
> $$y = (x - x_S)^2 + y_S$$
> ist eine nach oben geöffnete Normalparabel mit dem Scheitelpunkt $(x_S \mid y_S)$.
> Die Form $y = (x - x_S)^2 + y_S$ der Funktionsgleichung nennt man
> **Scheitelpunktform** .

Entsprechendes gilt für die gespiegelte Normalparabel: Die Scheitelpunktform für die gespiegelte Normalparabel lautet:

$$y = -(x - x_S)^2 + y_S$$

Verschiebung in x-Richtung (x_S) – Verschiebung in y-Richtung (y_S)

Wenn die Funktionsgleichung einer quadratischen Funktion in der Scheitelpunktform gegeben ist, dann ist es relativ einfach, den Graph der Funktion mit Hilfe der Schablone zu zeichnen. Ist dagegen die Funktionsgleichung in der Form $\mathbf{y = x^2 + b \cdot x + c}$ gegeben, dann muß man, um den Graph der Funktion zeichnen zu können, entweder eine Wertetabelle aufstellen oder diese Form in die Scheitelpunktform umwandeln.
Da mit Hilfe einer Wertetabelle der Scheitelpunkt einer Parabel nur duch systematisches (und zeitraubendes) Probieren gefunden werden kann, soll hier der zweite Weg beschritten werden :
Der Graph der quadratischen Funktion mit der Funktionsgleichung $y = x^2 + 6 \cdot x + 9$ soll gezeichnet werden. Diese Aufgabe ist relativ schnell gelöst, denn der Term $x^2 + 6 \cdot x + 9$ läßt sich mit Kenntnis der binomischen Formeln umschreiben zu $x^2 + 6 \cdot x + 9 = (x + 3)^2$.
Der Graph von $y = x^2 + 6 \cdot x + 9$ ist also eine um -3 in x-Richtung verschobene Normalparabel mit dem Scheitelpunkt $(-3 \mid 0)$. (Zeichnung siehe Abschnitt 4.3, Aufgabe 4 im Text)

Überprüfen Sie bitte anhand der nächsten beiden Aufgaben, ob Sie noch weitere Übung in der Grundanwendung der binomischen Formeln benötigen.
Bestimmen Sie jeweils über die Scheitelpunktform den Scheitelpunkt der Parabeln mit folgenden Funktionsgleichungen :

a) $y = x^2 - 5 \cdot x + 6{,}25$ b) $y = x^2 + x + 0{,}25$ → (5)

Im nächsten Beispiel läßt sich eine binomische Formel nicht direkt anwenden :
Wo liegt der Scheitelpunkt der Parabel mit der Funktionsgleichung $y = x^2 + 6 \cdot x + 7$?
Der Term $x^2 + 6 \cdot x + 7$ soll in die Form $(x - x_S)^2 + y_S$ umgeschrieben werden.
Damit man aus den Koeffizienten 6 und 7 die Werte für x_S und y_S bestimmen kann, schreibt man die allgemeine Form um: $(x - x_S)^2 + y_S$

Anwendung der binomischen Formel : $x^2 - 2 \cdot x_S \cdot x + x_S^2 + y_S$

Diese Form vergleicht man mit dem gegebenen Term : $x^2 + 6 \cdot x + 7$

Hier kann man nun einen **Koeffizientenvergleich** durchführen. Es muß gelten :

$$-2 \cdot x_S = 6$$

und

$$x_S^2 + y_S = 7$$

Damit kann man x_S und y_S ausrechnen: $x_S = -3$

Das Ergebnis, eingesetzt in die zweite Zeile, führt zu y_S: $9 + y_S = 7$, also $y_S = -2$

Dies setzt man in die Scheitelpunktform ein und erhält :

$$y = (x + 3)^2 - 2$$

Die Funktionsgleichung $y = x^2 + 6 \cdot x + 7$ lautet in der Scheitelpunktform $y = (x+3)^2 - 2$. Hieraus kann man ablesen, daß es sich um eine nach oben geöffnete Normalparabel mit dem Scheitelpunkt $(-3 \mid -2)$ handelt. Den Graphen zu dieser Funktion haben Sie bereits gezeichnet (Aufgabe 2 im Text).

Damit dieses Verfahren auf jede Funktionsgleichung angewendet werden kann, soll hier der Vergleich zwischen den Koeffizienten b und c der Form $y = x^2 + b \cdot x + c$ und den Scheitelpunktkoeffizienten x_S und y_S der Form $y = (x - x_S)^2 + y_S$ allgemein durchgeführt werden :

Die Form $y = (x - x_S)^2 + y_S$

wird umgeschrieben zu $y = x^2 - 2 \cdot x_S \cdot x + x_S^2 + y_S$

Die so erhaltenen Koeffizienten vergleicht man mit $y = x^2 + b \cdot x + c$

und erhält

$$b = -2 \cdot x_S$$
$$c = x_S^2 + y_S$$

Aus $b = -2 \cdot x_S$ läßt sich x_S bestimmen: $\boxed{x_S = -\frac{b}{2}}$

Dies setzt man in die zweite Zeile ein: $c = \left(-\frac{b}{2}\right)^2 + y_S$

und löst nach y_S auf: $\boxed{y_S = c - \frac{b^2}{4}}$

Aufgaben zu 4.4

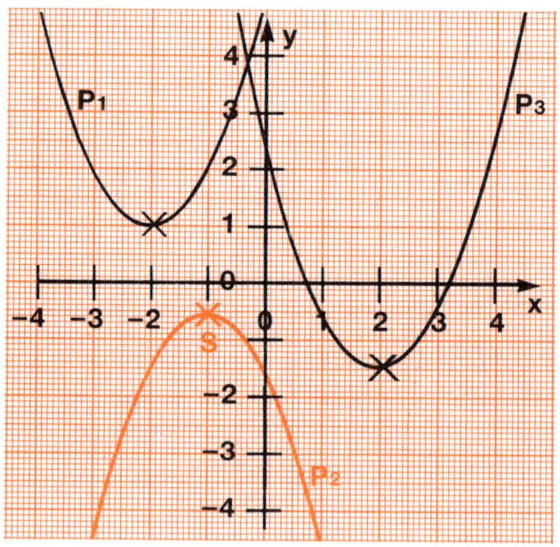

1. Geben Sie die Funktionsgleichungen zu den nebenstehenden Graphen in der Scheitelpunktform an.
2. Zeichnen Sie die Graphen zu folgenden quadratischen Funktionen:
   - P_1: $y = -(x+3)^2 + 1$
   - P_2: $y = (x+0{,}5)^2 - 2$
   - *P_3: $y = -(x-3)^2 + 1{,}5$
3. Formen Sie die folgenden Funktionsgleichungen in die Scheitelpunktform um :
   a) $y = x^2 - 4 \cdot x + 7$
   b) $y = x^2 + 10 \cdot x + 13$

4.5 Der Graph der Funktion $y = a \cdot x^2 + b \cdot x + c$

Zu Beginn dieser Lektion wurde als allgemeine Funktionsgleichung einer quadratischen Funktion die Form $y = a \cdot x^2 + b \cdot x + c$ vorgestellt. Bisher wurden jedoch nur solche Funktionen behandelt, bei denen der Faktor a bei x^2 den Wert 1 (Normalparabel) oder -1 (gespiegelte Normalparabel) hatte.

In der Sendung haben Sie am Beispiel der Zuordnung „Geschwindigkeit ⟶ Bremsweg" Graphen zu quadratischen Funktionen der Form $y = a \cdot x^2$ kennengelernt. Hier sollen nun die in der Sendung gewonnenen Erkenntnisse nachvollzogen und vertieft werden.
Die Graphen der quadratischen Funktionen $y = 2 \cdot x^2$ und $y = 0{,}5 \cdot x^2$ sollen gezeichnet werden. Im anschließenden Vergleich soll die Auswirkung des Faktors a auf die Gestalt des Graphen untersucht werden.
Die Graphen zu $y = 2 \cdot x^2$ und $y = 0{,}5 \cdot x^2$ können nicht mehr mit der Schablone gezeichnet werden, denn sie haben nicht die Form der Normalparabel. Zum Anfertigen der Zeichnungen müssen Wertetabellen aufgestellt werden :

x	$y = 2 \cdot x^2$
− 2	8
− 1,5	4,5
− 1	2
− 0,5	0,5
0	0
0,5	0,5
1	2
1,5	4,5
2	8

x	$y = 0{,}5 \cdot x^2$
− 2	2
− 1,5	1,125
− 1	0,5
− 0,5	0,125
0	0
0,5	0,125
1	0,5
1,5	1,125
2	2

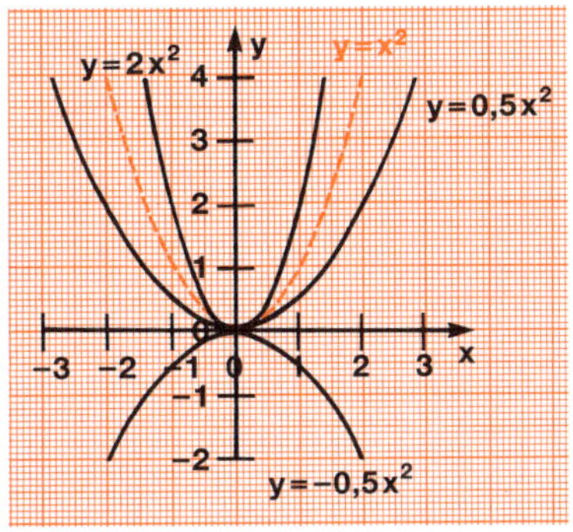

Vergleicht man die Graphen zu $y = 2 \cdot x^2$ und $y = 0{,}5 \cdot x^2$, so läßt sich feststellen, daß auch diese Graphen die Form einer Parabel haben, die „steiler" verläuft, je größer der Faktor a ist. Die Parabeln mit der Funktionsgleichung $y = a \cdot x^2$ haben alle den Scheitelpunkt $(0 \mid 0)$ und sind symmetrisch zur y-Achse. Bezogen auf die Normalparabel $y = x^2$ wirkt sich der Faktor a als Streckfaktor aus. Wenn a negativ ist, handelt es sich um eine an der x-Achse gespiegelte, nach unten geöffnete Parabel (wie im Beispiel $y = -0{,}5 \cdot x^2$).

> Der Graph der quadratischen Funktion mit der Funktionsgleichung
> $y = a \cdot x^2$ ist eine Parabel mit dem Scheitelpunkt $(0 \mid 0)$.
> Für $a > 0$ ist die Parabel nach oben geöffnet.
> Für $a < 0$ ist die Parabel nach unten geöffnet.
> Für $|a| < 1$ ist die Parabel weiter geöffnet als die Normalparabel.
> Für $|a| > 1$ ist die Parabel enger geöffnet als die Normalparabel.

Will man für eine solche Parabel die Funktionsgleichung bestimmen, dann reicht es nicht aus, wenn man den Scheitelpunkt kennt. Es müssen noch die Koordinaten eines weiteren Punktes bekannt sein.

In diesem Beispiel ist die Funktionsgleichung des unteren Graphen von der Form $y = a \cdot x^2$. Der Punkt $P(2 \mid -1)$ ist bekannt. Um den Faktor a zu ermitteln, setzt man die Koordinaten von P in die allgemeine Form ein :

$$y = a \cdot x^2$$
$$-1 = a \cdot 4 \qquad | : 4$$
$$-\frac{1}{4} = a$$

Die Funktionsgleichung des unteren Graphen ist: $y = -\frac{1}{4} \cdot x^2$

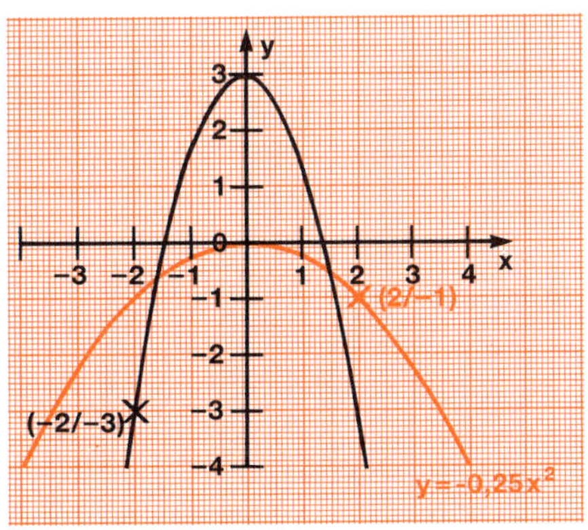

Der obere Graph ist eine entlang der y-Achse verschobene Parabel. Die Funktionsgleichung lautet allgemein: $y = a \cdot x^2 + y_S$. Der Scheitelpunkt (0 | 3) gibt den Wert von y_S an: $y = a \cdot x^2 + 3$. Außerdem ist der Punkt (–2 | –3) bekannt. Über die Koordinaten dieses Punktes läßt sich auch hier der Faktor a ermitteln. Bestimmen Sie die Funktionsgleichung des Graphen. → 6

Den Streckfaktor a kann man auch auf eine in x-Richtung verschobene Normalparabel anwenden. Die Funktionsgleichung heißt dann :

$$\mathbf{y = a \cdot (x - x_S)^2}$$

Wenn eine solche Parabel dann noch in y-Richtung verschoben wird, lautet die Funktionsgleichung in der Scheitelpunktform :

$$\mathbf{y = a \cdot (x - x_S)^2 + y_S}$$

Hier ein Beispiel für eine solche Parabel: Die Funktionsgleichung lautet $y = 0{,}5 \cdot (x - 2)^2 + 1$. Der Scheitelpunkt der Parabel ist S (2 | 1). Sie ist im Vergleich zur Normalparabel weiter geöffnet (an dem Faktor 0,5 erkennt man eine Stauchung).

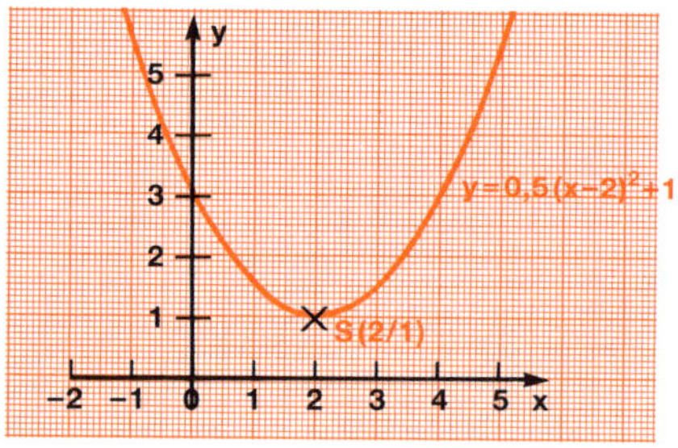

Aus der Scheitelpunktform läßt sich durch Anwendung der binomischen Formel die allgemeine Form ermitteln:

$$y = 0{,}5 \cdot (x - 2)^2 + 1$$
$$y = 0{,}5 \cdot (x^2 - 4 \cdot x + 4) + 1$$
$$y = 0{,}5 \cdot x^2 - 2 \cdot x + 2 + 1$$
$$y = 0{,}5 \cdot x^2 - 2 \cdot x + 3$$

Dies entspricht der allgemeinen Form : $\boxed{y = a \cdot x^2 + b \cdot x + c}$

Damit man zu einer Funktionsgleichung, die in dieser allgemeinen Form gegeben ist, den zugehörigen Graphen zeichnen kann, müßte man diese Form in die Scheitelpunktform zurückverwandeln. Dies kann auch hier wieder mit Hilfe eines Koeffizientenvergleichs geschehen:

Die Scheitelpunktform $y = a \cdot (x - x_S)^2 + y_S$

wird mit Hilfe der binomischen Formel $y = a \cdot (x^2 - 2 \cdot x_S \cdot x + x_S^2) + y_S$

und durch Ausmultiplizieren der Klammer umgeformt zu : $y = a \cdot x^2 - 2 \cdot a \cdot x_S \cdot x + a \cdot x_S^2 + y_S$

Diese Form wird mit der allgemeinen Form verglichen : $y = a \cdot x^2 + b \cdot x + c$

Mit Hilfe des Koeffizientenvergleichs ergibt sich : $b = -2 \cdot a \cdot x_S$

und damit $\boxed{-\frac{b}{2 \cdot a} = x_S}$

sowie $c = a \cdot x_S^2 + y_S$

Durch Einsetzen von x_S, $c = a \cdot \frac{b^2}{4 \cdot a^2} + y_S$

Kürzen und Auflösen nach y_S erhält man : $\boxed{c - \frac{b^2}{4 \cdot a} = y_S}$

Die Scheitelpunktform entspricht also: $y = a\left(x+\frac{b}{2a}\right)^2 + c - \frac{b^2}{4a}$

Dazu ein Beispiel: Die Funktionsgleichung $y = 3 \cdot x^2 + 12 \cdot x - 5$ soll in die Scheitelpunktform umgeschrieben werden.
Mit Hilfe der Koeffizienten $a = 3$, $b = 12$ und $c = -5$ bestimmt man x_S:

$$x_S = -\frac{12}{2 \cdot 3} = -2 \qquad \text{und} \qquad y_S = -5 - \frac{144}{4 \cdot 3} = -17$$

und erhält damit die Scheitelpunktform: $y = 3 \cdot (x + 2)^2 - 17$

Aufgaben zu 4.5

1. Zeichnen Sie die Graphen zu den folgenden quadratischen Funktionen :
   a) $y = 0{,}4 \cdot x^2$ b) $y = 1{,}5 \cdot x^2 - 3$ c) $y = 2 \cdot (x + 2)^2 + 1$
2. Wie heißt die Funktionsgleichung einer Parabel mit dem Scheitelpunkt (0 I – 4) , die durch den Punkt (–2 I 6) geht ?
3. Eine Parabel mit dem Scheitelpunkt (6 I 0) geht durch P (2 I – 4) . Wie heißt die Funktionsgleichung in der allgemeinen Form ?

Wiederholungsaufgaben

1. Bestimmen Sie die Funktionsgleichungen zu den nebenstehenden Parabeln in der Scheitelpunktform und in der allgemeinen Form.

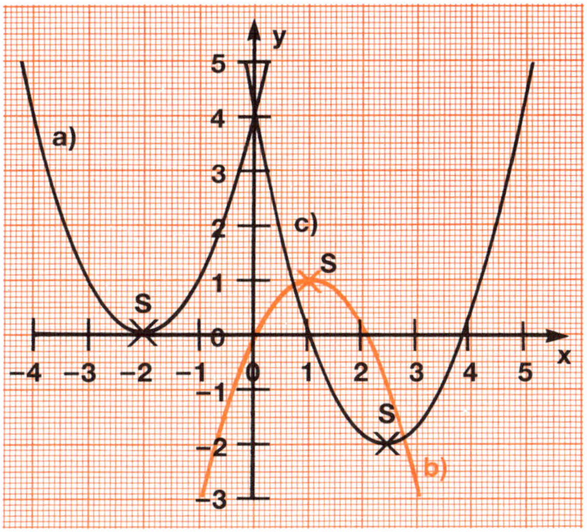

2. Zeichnen Sie die Graphen zu den quadratischen Funktionen mit folgenden Funktionsgleichungen:
   a) $y = (x - 1)^2 + 2$
   b) $y = -x^2 + 3$
   c) $y = x^2 + 4 \cdot x + 3$
3. Formen Sie die folgenden Funktionsgleichungen in die Scheitelpunktform um.
   a) $y = x^2 + 8 \cdot x + 8$ b) $y = x^2 - 5 \cdot x + 9{,}75$ c) $y = x^2 - 3 \cdot x$
   d) $y = -x^2 - 4 \cdot x + 1$ e) $y = -x^2 + 7 \cdot x - 12{,}25$
4. Eine verschobene Normalparabel hat den Scheitelpunkt auf der x-Achse und schneidet die y-Achse bei +6,25. Bestimmen Sie die Funktionsgleichung der Parabel.
5. Eine Parabel der Form $y = a \cdot (x - x_S)^2 + y_S$ hat den Scheitelpunkt S (– 4 I 3) und geht durch P (– 5,5 I 1,2) . Bestimmen Sie die Funktionsgleichung der Parabel.

*6. Bei einer Parabel in Form der Normalparabel ist der Scheitelpunkt S (3 I 5) ein Maximum. Wie heißt die Funktionsgleichung in der allgemeinen Form ?

7. Eine nach oben geöffnete Normalparabel hat den Scheitelpunkt S (–7 | 0) . Wo schneidet sie die y-Achse?

5. Nullstellen der quadratischen Funktion

Vor der Sendung

Bevor wir zu den „Nullstellen der quadratischen Funktion“ kommen, wenden wir uns in 5.1 den „Anwendungen der quadratischen Funktion“ zu. Dieses Kapitel schließt direkt an die Lektion 4 an und könnte bereits vor der Sendung zu dieser Lektion bearbeitet werden. Nachdem in Lektion 4 und auch in den Anwendungsaufgaben zur quadratischen Funktion in 5.1 vor allem der Scheitelpunkt der Parabel betrachtet wurde, beschäftigt sich die übrige Lektion 5 mit der Berechnung der Nullstellen einer quadratischen Funktion. Besonders der allgemeine Teil, in dem diese Berechnung mit Variablen durchgeführt wird, ist eine wichtige Vorbereitung der Lektion 6 und sollte daher aufmerksam verfolgt werden.

Übersicht

1. Bei den **Anwendungen der quadratischen Funktion** muß aus den Informationen des Sachtextes erst der funktionale Zusammenhang erstellt werden, bevor weitere Lösungsschritte erfolgen können.

2. Die **Nullstellen der quadratischen Funktion** $y = x^2 + b \cdot x + c$ werden anhand von Beispielen und allgemein mit Variablen berechnet.

3. Bei der Betrachtung der **Nullstellen der quadratischen Funktion**
$$y = a \cdot x^2 + b \cdot x + c$$
wird analog zu 5.2 vorgegangen.

5.1 Anwendungen der quadratischen Funktion

In den Anwendungsaufgaben zur quadratischen Funktion ist in der Regel nach bestimmten Punkten des Graphen gefragt, sehr oft nach dem Scheitelpunkt. Für die Sachbeispiele werden also Kenntnisse aus der Lektion 4 benötigt. Die Schwierigkeit beim Lösen von Sachproblemen liegt vor allem darin, für die in der Aufgabe gegebenen Informationen eine geeignete mathematische Beschreibung zu finden.

Beispiel 1:

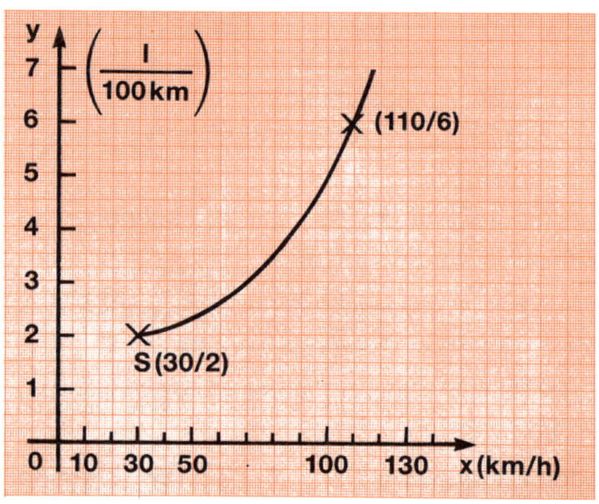

Der nebenstehende Graph zeigt den Benzinverbrauch eines Autos mit steigender Geschwindigkeit. Die Meßpunkte liegen auf einer Parabel, deren Form je nach PKW-Typ unterschiedlich ist. Für den PKW-Typ dieses Beispiels soll mit Hilfe des gezeigten Zusammenhangs festgestellt werden, wie groß der Benzinverbrauch bei einer Geschwindigkeit von 130 $\frac{km}{Std.}$ ist.

Den Benzinverbrauch bei 130 $\frac{km}{Std.}$ kann man berechnen, wenn man die Funktionsgleichung der nebenstehenden Parabel kennt. Die Funktionsgleichung in der Scheitelpunktform lautet allgemein: $y = a \cdot (x - x_S)^2 + y_S$.

Am Graph kann man den Scheitelpunkt S (30 I 2) ablesen. Außerdem ist der Meßpunkt (110 I 6) bekannt. Mit Hilfe dieser beiden Punkte kann man die Funktionsgleichung bestimmen:

Einsetzen des Scheitelpunktes : $y = a \cdot (x - 30)^2 + 2$

Einsetzen des Punktes (110I6) : $6 = a \cdot (110 - 30)^2 + 2$

Auflösen nach a : $6 = a \cdot 6400 + 2 \qquad | -2$

$4 = a \cdot 6400 \qquad | : 6400$

$\frac{1}{1600} = a$

Damit lautet die Funktionsgleichung: $y = \frac{1}{1600} \cdot (x - 30)^2 + 2$

In diesem Sachbeispiel ist der Verlauf des Graphen erst ab dem Punkt (30 I 2) parabelförmig. Die Funktionsgleichung gilt also nur für $x \geq 30$.

Mit Hilfe dieser Geichung kann der Benzinverbrauch bei 130 $\frac{\text{km}}{\text{Std.}}$ ausgerechnet werden :

$$
\begin{aligned}
y &= \frac{1}{1600} \cdot (130 - 30)^2 + 2 \\
&= \frac{1}{1600} \cdot 10\,000 + 2 \\
&= 6{,}25 + 2 \\
y &= 8{,}25
\end{aligned}
$$

Dieser PKW-Typ verbraucht bei einer Geschwindigkeit von 130 $\frac{\text{km}}{\text{Std.}}$ also $\frac{8{,}25 \text{ l Benzin}}{100 \text{ km}}$.

Berechnen Sie zur Übung, wieviel Benzin der gleiche PKW-Typ bei einer Geschwindigkeit von 150 $\frac{\text{km}}{\text{Std.}}$ verbraucht. → (2)

In diesem Beispiel konnte der zur Lösung benötigte funktionale Zusammenhang anhand von Punkten eines Graphen hergestellt werden. Durch die graphische Darstellung war bereits vorgegeben, welche Bedeutung die Variable x ($\frac{\text{km}}{\text{Std.}}$) und welche die Variable y ($\frac{\text{l}}{100 \text{ km}}$) hat. Bei einer Aufgabe in reiner Textform muß man dies zusätzlich bedenken.

Beispiel 2 :

Eine Strecke von 16 m soll in zwei Teilstrecken zerlegt werden, die jeweils die Seite eines Quadrates bilden. Die Zerlegung der Strecke soll so gewählt werden, daß die Summe der Quadratflächen möglichst klein wird.

Je nach Zerlegung der Strecke in die Teilstrecken a und 16 – a entstehen unterschiedlich große Quadrate und damit auch verschiedene Summen dieser Quadratflächen.

Da die Summe der Quadratflächen abhängig ist von der Zerlegung der Strecke, wird diese Summe durch die abhängige Variable y beschrieben. Für die Zerlegung der Strecke wählt man die unabhängige Variable x .

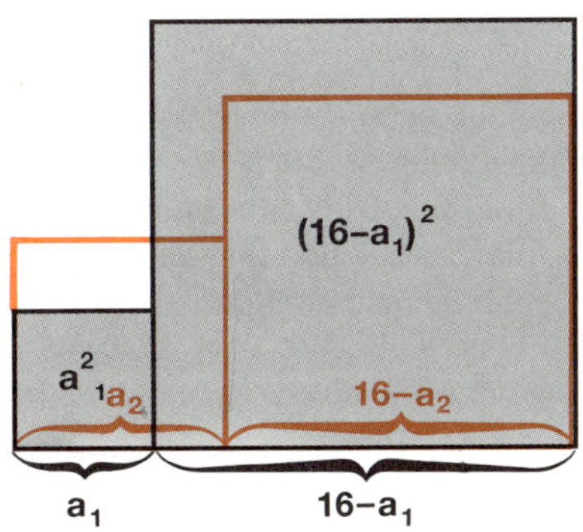

Damit läßt sich der funktionale Zusammenhang dieses Beispiel beschreiben durch:

$$y = x^2 + (16-x)^2$$

Durch Ausmultiplizieren der Klammer entsteht die allgemeine Form :

$$y = x^2 + 256 - 32 \cdot x + x^2$$

$$y = 2 \cdot x^2 - 32 \cdot x + 256$$

Als Lösung ist *die* Zerlegung der Strecke gesucht, bei der die Summe der Quadratflächen am kleinsten ist. Es ist also das Minimum der quadratischen Funktion gesucht, das ist der Scheitelpunkt des zugehörigen Graphen.

Um den Scheitelpunkt der Funktion $y = 2 \cdot x^2 - 32 \cdot x + 256$ zu bestimmen, benutzen wir die in Lektion 4 aus dem Koeffizientenvergleich entwickelte Formel:

$$x_S = -\frac{b}{2 \cdot a} \qquad \text{und} \qquad y_S = c - \frac{b^2}{4 \cdot a}$$

Als Koeffizienten liest man ab : $a = 2$, $b = -32$, $c = 256$

und setzt ein :

$$x_S = -\frac{(-32)}{2 \cdot 2} = 8 \qquad , \qquad y_S = 256 - \frac{(-32)^2}{4 \cdot 2} = 128$$

Der Scheitelpunkt $(x_S \mid y_S)$ kann nun angegeben werden: $S\ (8 \mid 128)$.

Der x-Wert des Scheitelpunktes bestimmt die Lösung der Aufgabe: Die Strecke von 16 m muß in zwei Teile von je 8 m aufgeteilt werden, damit die Summe der Quadratflächen möglichst klein wird. Der y-Wert des Scheitelpunktes gibt an, wie groß in diesem Fall die Summe der Quadratflächen ist: 128 m^2 .

In vielen Anwendungen der quadratischen Funktion ist das Maximum der Funktion gesucht (z.B. größter Gewinn, maximale Fläche, größte Leistung).

Der Graph, der einen solchen Zusammenhang beschreibt, ist eine nach unten geöffnete Parabel, deren Scheitelpunkt ein Maximum ist.
Die Funktionsgleichung einer solchen Parabel lautet in der Scheitelpunktform :

$$y = a \cdot (x-x_S)^2 + y_S , \quad \text{mit } a<0$$

Ein Beispiel für eine Aufgabe dieser Art haben Sie in der Sendung zur Lektion 4 gesehen.

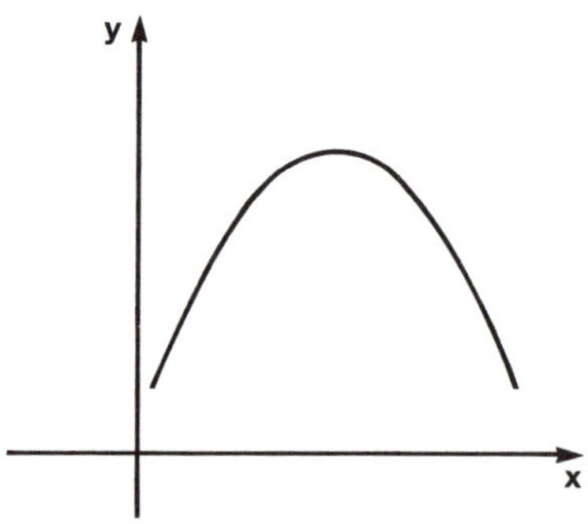

Beispiel 3 :

Ein Club veranstaltet jährlich mehrmals Skatturniere. Bei einem Startgeld von 3 DM wird das Turnier durchschnittlich von 60 Teilnehmern besucht. Zur Verbesserung der Einnahmen möchte der Club das Startgeld erhöhen. Man rechnet bei einer Erhöhung von je 0,50 DM mit einer Verminderung der Teilnehmerzahl um je 5 Teilnehmer. Bei welcher Erhöhung sind die Einnahmen am größten?

Vor dem Herstellen des funktionalen Zusammenhangs werden die Variablen festgelegt : Die Höhe der Einnahmen ist abhängig von der Höhe des Startgeldes und der Anzahl der Teilnehmer. Die Variable y steht also für die Einnahmen. Die Variable x beschreibt, wie oft um 0,5 DM erhöht wird und damit auch wie oft die Teilnehmerzahl um 5 abnimmt.

$$\text{Einnahmen} = \text{Startgeld} \cdot \text{Anzahl der Teilnehmer}$$

Einnahmen bisher : $y = 3 \cdot 60$

Einnahmen bei Erhöhung : $y = (3 + 0{,}5 \cdot x) \cdot (60 - 5 \cdot x)$

Die Funktionsgleichung in der allgemeinen Form erhält man, indem man die Klammer ausmultipliziert :

$$y = 180 - 15 \cdot x + 30 \cdot x - 2{,}5 \cdot x^2$$

und zusammenfaßt : $y = -2{,}5 \cdot x^2 + 15 \cdot x + 180$

Gefragt ist nach den größten Einnahmen; es ist also das Maximum der Funktion zu bestimmen. Damit ist wiederum der Scheitelpunkt gesucht. Die zur Berechnung von x_S und y_S benötigten Koeffizienten sind: $a = -2{,}5$, $b = 15$, $c = 180$

Diese werden in die Formeln $x_S = -\frac{b}{2 \cdot a}$ und $y_S = c - \frac{b^2}{4 \cdot a}$

eingesetzt : $x_S = -\frac{15}{2 \cdot (-2{,}5)}$ $\quad y_S = 180 - \frac{15^2}{4 \cdot (-2{,}5)}$

$$x_S = 3 \qquad y_S = 202{,}5$$

Der Scheitelpunkt des Graphen dieser Funktion ist S (3 I 202,5). Für die Aufgabe heißt dies, daß maximale Einnahmen (in der Höhe von 202,50 DM) bei einer Erhöhung von 3 mal 0,5 DM zu erwarten sind. Das Startgeld sollte also auf 4,50 DM erhöht werden.

Aufgaben zu 5.1

1. Mit einem 20 m langen Drahtzaun soll ein rechteckiges Gehege abgesteckt werden. Eine Seite des Geheges wird von der Gartenmauer gebildet. Wie sind die Seiten des Rechtecks zu wählen, damit der Zaun eine möglichst große Fläche absteckt ?

2. Der Graph zeigt die Änderung des Wasservolumens bei Erwärmung ab 0° Celsius.

   Die Meßwerte des Scheitelpunktes und eines weiteren Meßpunktes sind eingetragen.

   Welche Volumenausdehnung erfährt das Wasser bei einer Temperatur von 12° ?

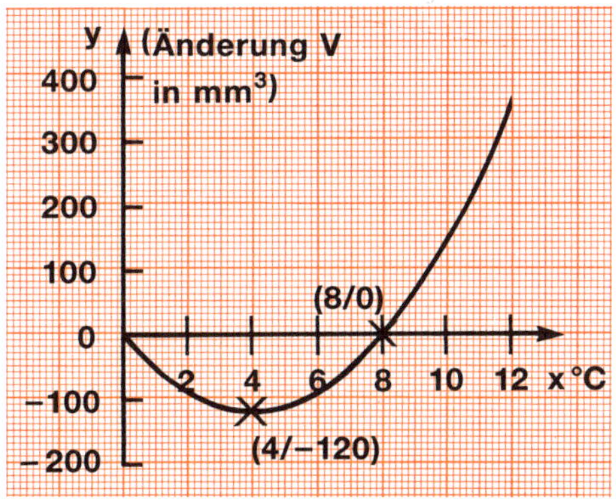

3. Ein Betrieb verkauft im Monat durchschnittlich 5000 Klappstühle mit einem Gewinn von 8 DM pro Stück. Man geht davon aus, daß sich bei einer Preissenkung um je 0,50 DM der Absatz um je 500 Stühle erhöhen würde. Um wieviel DM sollte der Preis gesenkt werden, um einen maximalen Gewinn zu erzielen ?

4. Welches Rechteck mit dem Umfang 18 cm hat den größten Flächeninhalt ?

5.2 Nullstellen der quadratischen Funktion $y = x^2 + b \cdot x + c$

In den Anwendungsaufgaben des vorherigen Kapitels wurde vor allem nach dem Extremwert (Maximum oder Minimum) einer quadratischen Funktion gefragt. Aus der Sendung wissen Sie, daß auch die Nullstellen einer quadratischen Funktion von Bedeutung sind und daß man unter den Nullstellen einer Funktion die Stellen versteht, in der der Funktionswert 0 ist. In diesem Kapitel soll daher erarbeitet werden, wie man die Nullstellen der quadratischen Funktion $y = x^2 + b \cdot x + c$ berechnet.

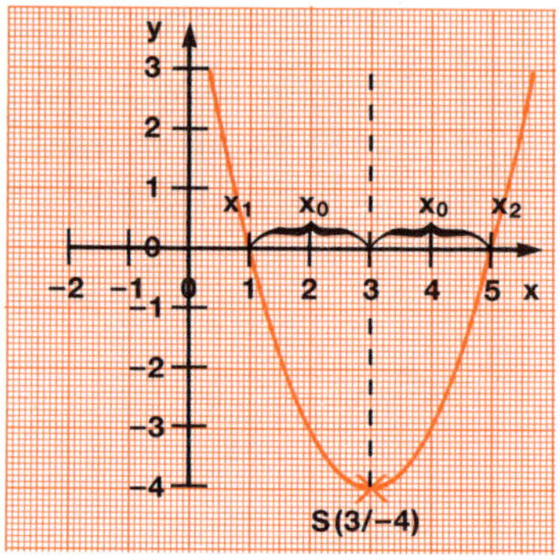

Der Weg zur Berechnung der Nullstellen einer quadratischen Funktion soll zunächst an einem Beispiel dargestellt werden:
Die Nullstellen der Funktion $y = x^2 - 6 \cdot x + 5$ sollen bestimmt werden.
Mit dem bisherigen Wissen läßt sich diese Aufgabe zeichnerisch lösen:
Man formt die Funktionsgleichung in die Scheitelpunktform um, zeichnet den Graphen und liest die Nullstellen ab.
Nach der Bestimmung des Scheitelpunktes:

$$x_S = -\frac{b}{2} = 3 \qquad \text{und} \qquad y_S = c - \frac{b^2}{4} = 5 - 9 = -4$$

läßt sich der Graph zeichnen, und die Nullstellen können abgelesen werden:
$N_1\ (1 \mid 0)$, $N_2\ (5 \mid 0)$.

Die graphische Darstellung läßt einen Ansatz zur Berechnung der Nullstellen erkennen: Durch die Symmetrie des Graphen einer quadratischen Funktion liegen die Nullstellen im jeweils gleichen Abstand x_0 vom x-Wert des Scheitelpunktes entfernt. Wenn man also den x-Wert des Scheitelpunktes kennt, und x_0 berechnen kann, dann kann man auch die Nullstellen bestimmen. Für dieses Beispiel gilt:

$$x_1 = 3 - x_0$$
$$x_2 = 3 + x_0$$

Wie berechnet man x_0 ?

Der Wert von x_0 hängt nur vom y-Wert des Scheitelpunktes ab, denn eine Verschiebung der Parabel in Richtung der x-Achse ändert nichts am Wert von x_0 .
Zur Bestimmung von x_0 kann also der einfachste Fall gewählt werden:

$$y = x^2 - 4$$

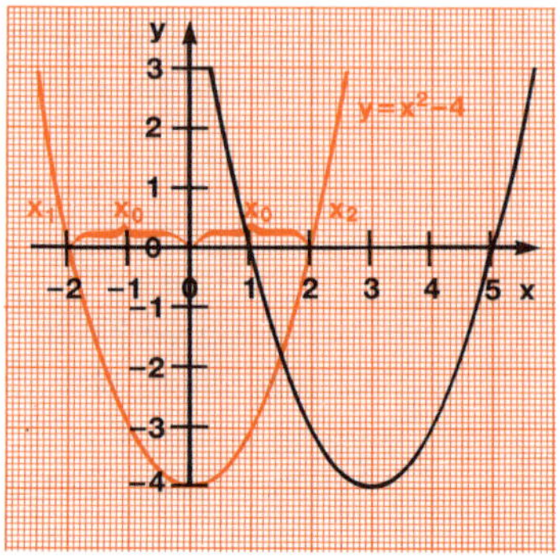

Für diesen Fall lassen sich die Nullstellen ausrechnen:

$$0 = x^2 - 4 \qquad | + 4$$
$$4 = x^2$$

und damit: $x_1 = -\sqrt{4} = -2$

und $x_2 = +\sqrt{4} = 2$

Da gilt $x_0 = x_2$, ist mit der Berechnung von x_2 auch x_0 bestimmt.

Der Weg zur Berechnung der Nullstellen soll nun vom Beispiel auf den allgemeinen Fall übertragen werden :

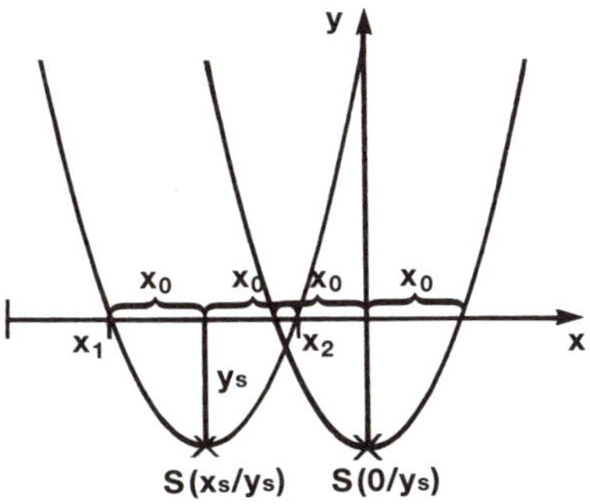

Der Scheitelpunkt (x_S I y_S) einer Parabel mit der Funktionsgleichung $y = (x - x_S)^2 + y_S$ ist bekannt. Dann liegen die Nullstellen bei :

$$x_1 = x_S - x_0$$

und

$$x_2 = x_S + x_0$$

Da x_0 nur vom y-Wert y_S abhängt, bestimmt man x_0 mit Hilfe von:

$$y = x^2 + y_S$$

$$0 = x^2 + y_S \qquad | - y_S$$

$$-y_S = x^2$$

$$x_1 = -\sqrt{-y_S} \qquad x_2 = +\sqrt{-y_S}$$

Der Wert von x_0 wird durch x_2 bestimmt: $x_0 = \sqrt{-y_S}$. Diesen Wert setzt man in die Form $x_1 = x_S - x_0$ und in $x_2 = x_S + x_0$ ein und erhält damit aus den Scheitelpunktkoordinaten die Nullstellen für die Parabel mit der Funktionsgleichung $y = (x - x_S)^2 + y_S$:

$$x_1 = x_S - \sqrt{-y_S} \qquad \text{und} \qquad x_2 = x_S + \sqrt{-y_S}$$

Berechnen Sie bitte zur Übung die Nullstellen der Funktion $y = x^2 + 8 \cdot x + 7$. ⟶ ①

Ein weiteres Beispiel: Die Nullstellen der Funktion $y = x^2 + 4 \cdot x + 8$ sollen bestimmt werden. Dazu wird die Funktionsgleichung erst in die Scheitelpunktform umgewandelt :

$$y = x^2 + 4 \cdot x + 8$$

$$x_S = -\frac{4}{2} \, ; \quad y_S = 8 - \frac{16}{4}$$

$$y = (x+2)^2 + 4$$

Dann werden x_S und y_S in die Berechnungsformel für x_1 und x_2 eingesetzt:

$$x_1 = -2 - \sqrt{-4} \qquad \text{und} \qquad x_2 = -2 + \sqrt{-4}$$

Da $\sqrt{-4}$ nicht definiert ist, gibt es für die Funktion $y = x^2 + 4 \cdot x + 8$ keine Nullstelle.

Bezüglich der Anzahl der Nullstellen gibt es bei der quadratischen Funktion $y = (x - x_S)^2 + y_S$ **drei Fälle**. Die Anzahl der Nullstellen ist abhängig von y_S :

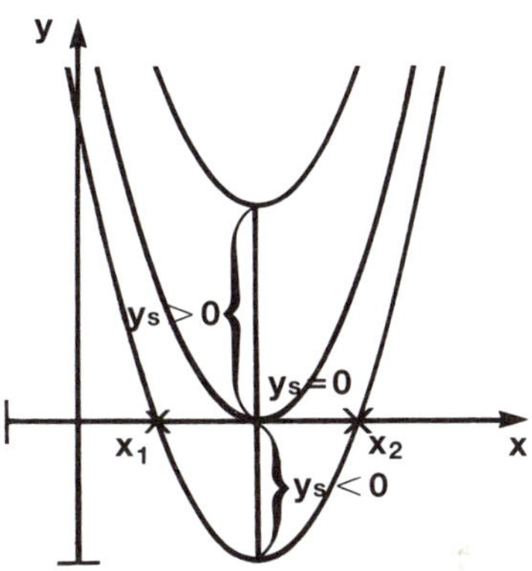

Wenn $y_S < 0$,
- dann liegt der Scheitelpunkt des Graphen unterhalb der x-Achse und der Graph schneidet die x-Achse zweimal,
- dann ist der Wert $-y_S$ unter der Wurzel positiv,

daraus folgt: die Funktion hat **zwei Nullstellen**.

Wenn $y_S = 0$,
- dann liegt der Scheitelpunkt des Graphen auf der x-Achse und der Graph berührt die x-Achse in diesem Punkt,
- dann ist der Wert $-y_S = 0$ und damit $x_1 = x_2 = x_S$,

daraus folgt: die Funktion hat **eine Nullstelle**.

5

Wenn $y_S > 0$,

- dann liegt der Scheitelpunkt des Graphen oberhalb der x-Achse und der Graph schneidet die x-Achse nicht,
- dann ist der Wert $-y_S$ unter der Wurzel negativ und damit die Wurzel nicht definiert,

daraus folgt : die Funktion hat **keine Nullstelle** .

Zu dem bisher erarbeiteten Weg bei der Berechnung der Nullstellen der quadratischen Funktion $y = x^2 + b \cdot x + c$ finden Sie im Aufgabenteil im Anschluß an dieses Kapitel Übungen unter der Aufgabe 1.

Dieser Weg geht davon aus, daß die Scheitelpunktform der quadratischen Funktion bekannt ist. Man muß also jedesmal erst die allgemeine Form umwandeln, bevor man die Formel für x_1 und x_2 anwenden kann.

In einem zweiten Schritt der Verallgemeinerung soll nun gezeigt werden, wie man die Nullstellen von $y = x^2 + b \cdot x + c$ *direkt* aus den Koeffizienten b und c der allgemeinen Funktionsgleichung berechnen kann. Aus der Lektion 4 ist bekannt, wie man aus den Koeffizienten b und c die Scheitelpunktkoordinaten x_S und y_S bestimmt:

$$x_S = -\frac{b}{2} \qquad \text{und} \qquad y_S = c - \left(\frac{b}{2}\right)^2$$

Dies wird in die schon erarbeitete Formel für die Nullstellen eingesetzt :

$$x_1 = x_S - \sqrt{-y_S} \qquad \text{und} \qquad x_2 = x_S + \sqrt{-y_S}$$

$$x_1 = -\frac{b}{2} - \sqrt{-\left(c - \left(\frac{b}{2}\right)^2\right)} \qquad \text{und} \qquad x_2 = -\frac{b}{2} + \sqrt{-\left(c - \left(\frac{b}{2}\right)^2\right)}$$

Wenn man die Klammer unter der Wurzel noch auflöst und die beiden Ausdrücke für x_1 und x_2 zusammenfaßt, erhält man die

Formel zur Berechnung der Nullstellen der quadratischen Funktion $y = x^2 + b \cdot x + c$:

$$x_{1/2} = -\frac{b}{2} \pm \sqrt{\left(\frac{b}{2}\right)^2 - c}$$

Zum Abschluß dieses Kapitels soll diese Formel an einem Beispiel angewendet werden:

Zu bestimmen sind die Nullstellen der Funktion $y = x^2 - 12 \cdot x + 27$.
Aus der allgemeinen Form entnimmt man: $b = -12$ und $c = 27$.
Dies setzt man in die Formel ein:

$$x_{1/2} = -\frac{-12}{2} \pm \sqrt{\left(\frac{-12}{2}\right)^2 - 27}$$

und rechnet aus:

$$x_{1/2} = 6 \pm \sqrt{36 - 27}$$

Dann ist : $x_1 = 6 - \sqrt{9} = 3$ und $x_2 = 6 + \sqrt{9} = 9$

Die Nullstellen der Funktion $y = x^2 - 12 \cdot x + 27$ sind $N_1\,(3\,|\,0)$ und $N_2\,(9\,|\,0)$.

Aufgaben zu 5.2

1. Bestimmen Sie zu den gegebenen Funktionsgleichungen die Scheitelpunktform und dann mit Hilfe der Scheitelpunktkoordinaten die Nullstellen der Funktion :

a) $y = x^2 - 2 \cdot x - 3$	b) $y = x^2 + 10 \cdot x + 24$
c) $y = x^2 - 14 \cdot x + 49$	d) $y = x^2 - 12 \cdot x + 38$
e) $y = x^2 + 8 \cdot x + 21$	f) $y = x^2 + 6 \cdot x - 7$
g) $y = x^2 + 16 \cdot x + 64$	h) $y = x^2 - 4 \cdot x - 5$

2. Bestimmen Sie die Nullstellen der gegebenen Funktionen mit Hilfe der Formel:

a) $y = x^2 - 6 \cdot x + 8$	b) $y = x^2 - 3 \cdot x + 2{,}25$
c) $y = x^2 - x - 6$	d) $y = x^2 + 18 \cdot x + 100$
e) $y = x^2 + 5{,}5 \cdot x - 20$	f) $y = x^2 + 7 \cdot x + 14$
g) $y = x^2 + 11 \cdot x + 30{,}25$	h) $y = x^2 - 2{,}5 \cdot x - 6$

3. Welche quadratische Funktion der Form $y = x^2 + b \cdot x + c$ hat die Nullstellen $N_1\,(2 \mid 0)$ und $N_2\,(8 \mid 0)$? (Anleitung: Überlegen Sie, wo x_S bezüglich der Nullstellen liegt und bestimmen Sie erst die Scheitelpunktform).

5

5.3 Nullstellen der quadratischen Funktion $y = a \cdot x^2 + b \cdot x + c$

Bei der Berechnung der Nullstellen der quadratischen Funktion $y = a \cdot x^2 + b \cdot x + c$ wird der gleiche Weg eingeschlagen wie im vorherigen Kapitel. Auch bei den Parabeln, die durch den Faktor a bei x^2 gestreckt werden, liegen die Nullstellen (durch die Achsensymmetrie) im gleichen Abstand x_0 vom x-Wert des Scheitelpunktes. Der einfachste Fall ist eine gestreckte Parabel, die entlang der y-Achse verschoben ist:

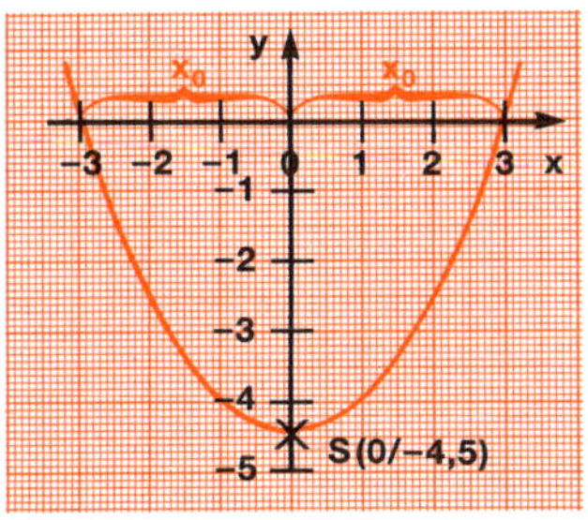

Für die Funktion $y = 0{,}5 \cdot x^2 - 4{,}5$ sollen die Nullstellen bestimmt werden. Mit der Berechnung von x_2 erhält man gleichzeitig den Wert für x_0:

$$0 = 0{,}5 \cdot x^2 - 4{,}5 \qquad | + 4{,}5$$
$$4{,}5 = 0{,}5 \cdot x^2 \qquad | : 0{,}5$$
$$9 = x^2$$

und damit $x_1 = -\sqrt{9} = -3$;

$x_2 = +\sqrt{9} = +3$

In diesem Beispiel ist $x_0 = 3$, die Nullstellen liegen bei $N_1\,(-3 \mid 0)$ und $N_2\,(3 \mid 0)$.

Die Berechnung für das Beispiel $y = 0{,}5 \cdot x^2 - 4{,}5$ wird auf den allgemeinen Fall $y = a \cdot x^2 + y_S$ übertragen

$$0 = a \cdot x^2 + y_S \qquad | - y_S$$
$$-y_S = a \cdot x^2 \qquad | : a$$
$$\frac{-y_S}{a} = x^2$$

und damit $x_1 = -\sqrt{\frac{-y_S}{a}}$; $x_2 = +\sqrt{\frac{-y_S}{a}}$.

Der Abstand x_0 der Nullstellen vom Scheitelpunkt ist $x_0 = \sqrt{\frac{-y_S}{a}}$.

Die Erkenntnis aus dem vorherigen Kapitel, daß eine Verschiebung entlang der x-Achse nichts am Wert von x_0 ändert, wird auch hier wieder angewendet:

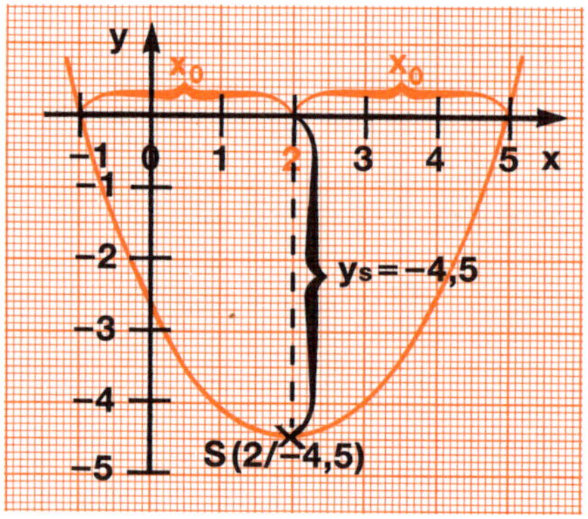

Bei der Funktion $y = 0,5 \cdot (x - 2)^2 - 4,5$ liegen die Nullstellen im Abstand $x_0 = 3$ vom x-Wert des Scheitelpunktes. Es ist also
$x_1 = 2 - 3 = -1$ und $x_2 = 2 + 3 = 5$
Wir überprüfen die erhaltenen Nullstellen $N_1(-1 \mid 0)$ und $N_2(5 \mid 0)$ durch Einsetzen in die Funktionsgleichung :

$$y = 0,5 \cdot (x - 2)^2 - 4,5$$

N_1 :

$$\begin{aligned} y &= 0,5 \cdot (x - 2)^2 - 4,5 \\ 0 &= 0,5 \cdot (-1 - 2)^2 - 4,5 \\ 0 &= 0,5 \cdot 9 - 4,5 \\ 0 &= 4,5 - 4,5 \end{aligned}$$

N_2 :

$$\begin{aligned} y &= 0,5 \cdot (x - 2)^2 - 4,5 \\ 0 &= 0,5 \cdot (5 - 2)^2 - 4,5 \\ 0 &= 0,5 \cdot 9 - 4,5 \\ 0 &= 4,5 - 4,5 \end{aligned}$$

Wieder wird der Rechenweg, der für den konkreten Fall erarbeitet wurde, auf den allgemeinen Fall übertragen. Die Nullstellen der Funktion $y = a \cdot (x - x_S)^2 + y_S$ sind gesucht.

Es sind $x_1 = x_S - x_0$ und $x_2 = x_S + x_0$

Für x_0 gilt : $x_0 = \sqrt{\frac{-y_S}{a}}$, also $x_1 = x_S - \sqrt{\frac{-y_S}{a}}$ und $x_2 = x_S + \sqrt{\frac{-y_S}{a}}$

Wenn man den Scheitelpunkt der Funktion $y = a \cdot x^2 + b \cdot x + c$ kennt, dann kann man die Nullstellen aus den Koordinaten des Scheitelpunktes und aus dem Faktor a berechnen.

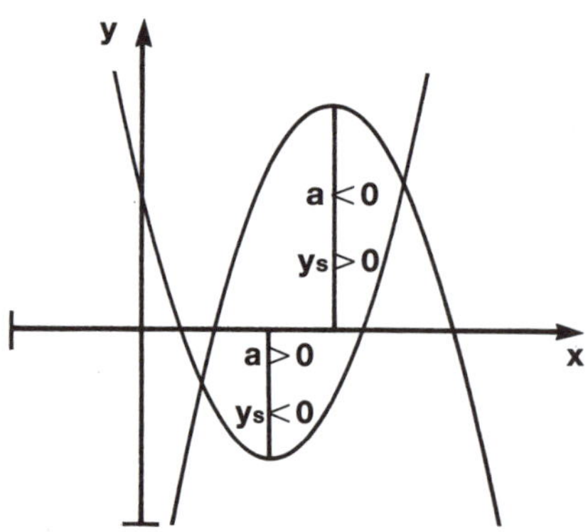

Für die Anzahl der Nullstellen ist bei den quadratischen Funktionen $y = a \cdot x^2 + b \cdot x + c$ also nicht nur der Wert von y_S ausschlaggebend, sondern auch der Wert von a. **Zwei Nullstellen** haben solche Funktionen, bei denen
$a > 0$ *und* $y_S < 0$ oder $a < 0$ *und* $y_S > 0$ ist.
Nur in diesen Fällen ist der Wert des Terms $\frac{-y_S}{a}$ unter der Wurzel positiv.

Wenn $y_S = 0$ ist, dann berührt der Graph die x-Achse im Scheitelpunkt; der Term unter der Wurzel wird 0, die Funktion hat **eine Nullstelle**.

Wenn y_S und a beide positiv oder beide negativ sind, dann schneidet der Graph die x-Achse nicht; der Wert unter der Wurzel wird negativ, die Funktion hat **keine Nullstelle**.

Die erarbeitete Formel $x_{1/2} = x_S \pm \sqrt{\frac{-y_S}{a}}$ soll nun zunächst in einem Beispiel angewendet werden.

Gesucht sind die Nullstellen der Funktion mit der Funktionsgleichung $y = -4 \cdot x^2 + 12 \cdot x$.

Um den Scheitelpunkt dieser Funktion zu bestimmen, benutzen wir die in Lektion 4 aus dem Koeffizientenvergleich entwickelte Formel:

$$x_S = \frac{-b}{2 \cdot a} \qquad \text{und} \qquad y_S = c - \frac{b^2}{4 \cdot a}$$

Die Koeffizienten $a = -4$, $b = 12$ und $c = 0$ werden eingesetzt:

$$x_S = \frac{-12}{2 \cdot (-4)} = 1{,}5 \qquad y_S = 0 - \frac{12^2}{4 \cdot (-4)} = 9$$

Die erhaltenen Werte $x_S = 1{,}5$, $y_S = 9$ und $a = -4$ werden in die soeben gewonnene

Formel eingesetzt: $x_{1/2} = 1{,}5 \pm \sqrt{\frac{-9}{-4}}$

und damit x_1 und x_2 ausgerechnet : $x_1 = 1{,}5 - 1{,}5 = 0$

$x_2 = 1{,}5 + 1{,}5 = 3$

Die Nullstellen von $y = -4 \cdot x^2 + 12 \cdot x$ sind $N_1\ (0 \mid 0)$ und $N_2\ (3 \mid 0)$.

Übungen zu diesem Weg der Nullstellenbestimmung finden Sie im Anschluß an dieses Kapitel in der Aufgabe 1.

Zum Abschluß soll auch hier eine Formel gefunden werden, die es gestattet, direkt aus den Koeffizienten a , b und c der allgemeinen Form $y = a \cdot x^2 + b \cdot x + c$ die Nullstellen der Funktion zu bestimmen.

Dazu müssen die Scheitelpunktkoordinaten $x_S = \frac{-b}{2 \cdot a}$ und $y_S = c - \frac{b^2}{4 \cdot a}$

in die Formel $x_{1/2} = x_S \pm \sqrt{\frac{-y_S}{a}}$

eingesetzt werden : $x_{1/2} = \frac{-b}{2 \cdot a} \pm \sqrt{\frac{-\left(c - \frac{b^2}{4 \cdot a}\right)}{a}}$

Den Term unter der Wurzel kann man noch vereinfachen :

$$\frac{-\left(c - \frac{b^2}{4 \cdot a}\right)}{a} = -\frac{c}{a} + \frac{b^2}{4 \cdot a^2} = \frac{b^2 - 4 \cdot a \cdot c}{4 \cdot a^2}$$

Damit heißt die Formel :

$$x_{1/2} = \frac{-b}{2 \cdot a} \pm \sqrt{\frac{b^2 - 4 \cdot a \cdot c}{4 \cdot a^2}}$$

Da gilt: $\sqrt{4 \cdot a^2} = 2 \cdot a$ *, kann man beide Brüche zusammenfassen und erhält die

Formel zur Berechnung der Nullstellen der quadratischen Funktion $y = a \cdot x^2 + b \cdot x + c$

$$x_{1/2} = \frac{-b \pm \sqrt{b^2 - 4 \cdot a \cdot c}}{2 \cdot a}$$

* Wegen $\pm\sqrt{b^2 - 4 \cdot a \cdot c}$ gilt die hergeleitete Formel auch für $a < 0$.

5

Diese Formel soll auf folgendes Beispiel angewendet werden: Die Nullstellen der Funktion $y = -1{,}5 \cdot x^2 - 12 \cdot x - 18$ sollen unter Anwendung der Formel bestimmt werden.

Man liest aus der Funktionsgleichung die Koeffizienten ab :

$a = -1{,}5 \quad ; \quad b = -12 \quad ; \quad c = -18$ und setzt in die Formel ein :

$$x_{1/2} = \frac{12 \pm \sqrt{144 - 4 \cdot (-1{,}5) \cdot (-18)}}{2 \cdot (-1{,}5)}$$

rechnet aus :

$$x_{1/2} = \frac{12 \pm \sqrt{36}}{-3}$$

und erhält : $x_1 = \frac{12 + 6}{-3}$ und $x_2 = \frac{12 - 6}{-3}$

Die Nullstellen der Funktion sind $N_1 (-6 \mid 0)$ und $N_2 (-2 \mid 0)$.

Aufgaben zu 5.3

1. Bestimmen Sie zu den folgenden Funktionen erst die Scheitelpunktform und dann aus den Scheitelpunktkoordinaten und dem Faktor a die Nullstellen:
   a) $y = 2 \cdot x^2 - 4 \cdot x - 16$
   b) $y = 1{,}5 \cdot x^2 + 12 \cdot x + 30$
   c) $y = -4 \cdot x^2 + 20 \cdot x$
   d) $y = -0{,}5 \cdot x^2 + 4 \cdot x + 10$
   e) $y = 3 \cdot x^2 + 18 \cdot x + 27$
   f) $y = -5 \cdot x^2 + 20 \cdot x - 5$
   g) $y = 2{,}5 \cdot x^2 + 5 \cdot x + 7{,}5$
   h) $y = 4 \cdot x^2 + 18 \cdot x + 14$

2. Bestimmen Sie unter Anwendung der am Ende dieses Teils gefundenen Formel die Nullstellen der folgenden Funktionen:
   a) $y = 8 \cdot x^2 + 4 \cdot x + 1$
   b) $y = 2 \cdot x^2 - 2 \cdot x - 60$
   c) $y = -3{,}5 \cdot x^2 + 28 \cdot x - 38{,}5$
   d) $y = 4 \cdot x^2 - 20 \cdot x + 25$
   e) $y = -3 \cdot x^2 - 7{,}2 \cdot x - 2{,}4$
   f) $y = -5 \cdot x^2 + 8 \cdot x - 45$
   g) $y = 4{,}8 \cdot x^2 + 9{,}6 \cdot x + 4{,}8$
   h) $y = 1{,}6 \cdot x^2 - 6{,}4 \cdot x$

3. Bestimmen Sie in der Funktionsgleichung $y = 0{,}5 \cdot x^2 + 6 \cdot x + c$ eine Zahl für den Koeffizienten c, so daß die Funktion eine Nullstelle besitzt.

Wiederholungsaufgaben

1. Eine Strecke von 120 m Länge soll in zwei Teilstrecken zerlegt werden. Die beiden Teilstrecken sollen die Grundseiten eines Rechtecks bilden. Bei welcher Zerlegung hat das Rechteck den größten Flächeninhalt ?

2. Berechnen Sie die Nullstellen folgender Funktionen:
   a) $y = 1{,}5 \cdot x^2 + x - 2{,}5$
   b) $y = x^2 + 10 \cdot x - 24$
   c) $y = 2 \cdot x^2 + 7 \cdot x + 8$
   d) $y = -36 \cdot x^2 + 36 \cdot x - 9$
   e) $y = -3 \cdot x^2 + 10{,}5 \cdot x - 12$
   f) $y = 4{,}5 \cdot x^2 + 9 \cdot x - 4{,}5$
   g) $y = -2{,}5 \cdot x^2 - 10 \cdot x$
   h) $y = 3{,}5 \cdot x^2 + 56 \cdot x + 224$

3. Ein Verein hat 30 Mitglieder, die einen Vierteljahresbeitrag von je 20 DM bezahlen. Um die Einnahmen zu verbessern und gleichzeitig die Mitgliederzahl zu erhöhen, will der Verein den Beitragssatz von 20 DM senken. Man verspricht sich von einer Verminderung um je 1 DM jeweils 5 Mitglieder mehr. Um wieviel DM sollte der Verein den Beitragssatz senken, um maximale Einnahmen zu erzielen ?

4. Eine quadratische Funktion der Form $y = x^2 + b \cdot x + c$ hat die Nullstellen N_1 (0 I 0) und N_2 (7 I 0) . Bestimmen Sie die Funktionsgleichung.

5. Für welche Zahl ist das Produkt aus dem Dreifachen der Zahl und der um 2 vergrößerten Zahl am kleinsten ?

6. Bei einer Parabel in Form einer Normalparabel ist der Scheitelpunkt S (1,5 I 6,25) ein Maximum: Wo schneidet die Parabel die x-Achse und wo die y-Achse ?

*7. Bestimmen Sie für die Funktion $y = x^2 + b \cdot x + 20{,}25$ eine Zahl für b so, daß
   a) die Parabel ganz oberhalb der x-Achse liegt,
   b) der Scheitelpunkt der Parabel auf der x-Achse liegt.

8. Beim schiefen Wurf einer Kugel entsteht ab der Abwurfstelle der hier untenstehende Graph.
   Die x-Werte bezeichnen die Wurfweite, die y-Werte bezeichnen die Wurfhöhe. Wie weit fliegt die Kugel?

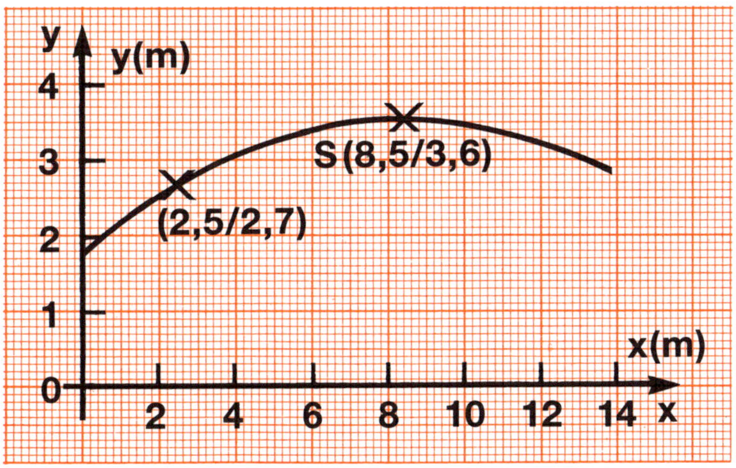

5

6. Quadratische Gleichungen

Vor der Sendung

Der Inhalt dieser Lektion schließt direkt an die Berechnung der Nullstellen einer quadratischen Funktion in Lektion 5 an.
Wenn man weiß, wie die Nullstellen der quadratischen Funktion $y = x^2 + b \cdot x + c$ berechnet werden, dann kann man auch die Lösungen der quadratischen Gleichung $x^2 + p \cdot x + q = 0$ bestimmen.

Übersicht

1. **Die Lösungen der quadratischen Gleichung $x^2 + p \cdot x + q = 0$** sind Grundlage der Berechnungen für die gesamte Lektion 6.

2. **Die allgemeine quadratische Gleichung $a \cdot x^2 + b \cdot x + c = 0$** läßt sich auf die in 6.1 erarbeiteten Grundlagen zurückführen.

3. Durch die **Anwendungen quadratischer Gleichungen** lassen sich einige Sachprobleme lösen.

6.1 Die Lösungen der quadratischen Gleichung $x^2 + p \cdot x + q = 0$

Ist es möglich, bei einem Rechteck von 2 m Breite und 12 m Länge die kürzere Seite um ein Stück zu verlängern und die längere Seite um die gleiche Strecke so zu verkürzen, daß ein Rechteck mit doppelt so großem Flächeninhalt entsteht?

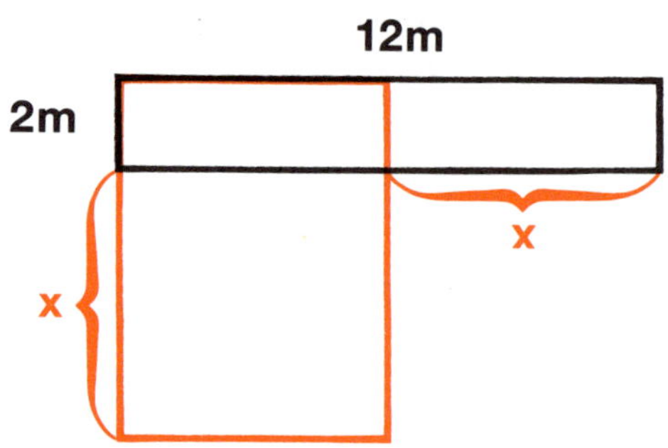

Betrachten wir bei dieser Frage zunächst den Prozeß der Veränderung der Rechteckseiten:
Die kürzere Seite wird um ein Stück verlängert: $(2 + x)$, die längere Seite wird um ein gleiches Stück verkürzt: $(12 - x)$.
Es entsteht ein neues Rechteck mit dem Flächeninhalt

$$y = (2 + x) \cdot (12 - x)$$
$$y = 24 - 2 \cdot x + 12 \cdot x - x^2$$
$$y = 24 + 10 \cdot x - x^2$$

In diesem Fall soll eine doppelt so große Fläche entstehen:

$$y = 2 \cdot (2 \cdot 12) = 48$$

Das Flächenproblem wird also durch die *quadratische Gleichung* $48 = 24 + 10 \cdot x - x^2$ beschrieben. Gesucht ist: die Lösung oder die Lösungen dieser quadratischen Gleichung.

In der letzten Lektion wurde entwickelt, wie man die Nullstellen einer quadratischen Funktion bestimmen kann, das heißt x-Werte, bei denen der zugehörige y-Wert 0 beträgt.

Für die Funktion $y = x^2 + b \cdot x + c$ führte die Frage nach den Nullstellen zu der *quadratischen Gleichung* $0 = x^2 + b \cdot x + c$. Die Nullstellen $(x_1 | 0)$ und $(x_2 | 0)$ konnten mit Hilfe der Formel $x_{1/2} = -\frac{b}{2} \pm \sqrt{\left(\frac{b}{2}\right)^2 - c}$ berechnet werden.

In den meisten Mathematik-Lehrbüchern werden die Koeffizienten einer quadratischen Gleichung mit p und q (statt b und c) bezeichnet, so daß diese Form einer quadratischen Gleichung lautet: $x^2 + p \cdot x + q = 0$.

Wenn man diese Schreibweise auf die erarbeitete Lösungsformel überträgt, dann gilt allgemein:

> Die Lösungen x_1 und x_2 einer quadratischen Gleichung der Form $x^2 + p \cdot x + q = 0$ lassen sich berechnen durch:
>
> $$x_{1/2} = -\frac{p}{2} \pm \sqrt{\left(\frac{p}{2}\right)^2 - q}$$

Zurück zum Flächenproblem: Der bisherige Lösungsansatz lautet: $48 = 24 + 10 \cdot x - x^2$

Um die Lösungsformel anwenden zu können, muß dieser Ansatz zunächst in die Form $x^2 + p \cdot x + q = 0$ umgewandelt werden:

$$48 = 24 + 10 \cdot x - x^2 \quad | -24 - 10 \cdot x + x^2$$
$$48 - 24 - 10 \cdot x + x^2 = 0$$
$$x^2 - 10 \cdot x + 24 = 0$$

Als Koeffizienten p und q liest man ab: $p = -10$; $q = 24$ und setzt diese in die Lösungsformel ein:

$$x_{1/2} = 5 \pm \sqrt{25 - 24}$$

Damit ist $x_1 = 5 - 1 = 4$ und $x_2 = 5 + 1 = 6$ [1]

Für das Flächenproblem bedeuten diese Lösungen: Sowohl eine Verlängerung bzw. Verkürzung der Seitenlängen um 4 m: $(2+4) \cdot (12-4) = 48$
als auch eine Veränderung um 6 m: $(2+6) \cdot (12-6) = 48$
führt zu dem gewünschten Rechteck mit doppelt so großem Flächeninhalt.

Der Lösungsweg dieses Flächenproblems soll - mit veränderten Zahlen - noch einmal im Zusammenhang dargestellt werden:

Ist es möglich, bei einem Rechteck von 4 m Breite und 20 m Länge die kürzere Seite um ein Stück zu verlängern und die längere Seite um die gleiche Strecke so zu verkürzen, daß ein Rechteck mit doppelt so großem Flächeninhalt entsteht?

---

1 Die Bezeichnungen „x_1" und „x_2" bedeuten keine Reihenfolge. Es ist unwichtig, welche der Lösungen man x_1 nennt und welche x_2.

6

Lösungsansatz: $2 \cdot (4 \cdot 20) = (4 + x) \cdot (20 - x)$

Umformung bis zur Form $x^2 + p \cdot x + q = 0$:

$$160 = 80 - 4 \cdot x + 20 \cdot x - x^2$$

$$160 = 80 + 16 \cdot x - x^2 \qquad | + x^2 - 16 \cdot x - 80$$

$$x^2 - 16 \cdot x + 80 = 0$$

Einsetzen in die Lösungsformel: $x_{1/2} = 8 \pm \sqrt{64 - 80}$

$$x_{1/2} = 8 \pm \sqrt{-16}$$

Die negative Zahl unter der Wurzel zeigt an, daß es für diese quadratische Gleichung (und damit auch für dieses Flächenproblem) keine Lösung gibt. Die Lösungsmenge ist die leere Menge. Man schreibt die Lösungsmenge dann auch $L = \{ \}$.

Ob eine quadratische Gleichung der Form $x^2 + p \cdot x + q = 0$ zwei Lösungen, eine Lösung oder keine Lösung hat, ist abhängig von dem Wert des Terms unter der Wurzel. Dieser Term trägt - entsprechend seiner Bedeutung - einen besonderen Namen:

> Den Term $\left(\frac{p}{2}\right)^2 - q$ in der Lösungsformel der quadratischen Gleichung $x^2 + p \cdot x + q = 0$ nennt man **Diskriminante.** (discriminare (lat.) = unterscheiden)

An der Diskriminante kann man die drei möglichen Fälle für die Lösungsmenge einer quadratischen Gleichung ablesen:

> (1) Wenn die Diskriminante *positiv* ist, gibt es *zwei* Lösungen.
> (2) Wenn die Diskriminante *Null* ist, gibt es *eine* Lösung.
> (3) Wenn die Diskriminante *negativ* ist, gibt es *keine* Lösung.
>
> In die mathematische Schreibweise gebracht, sieht das so aus:
>
> (1) $\left(\frac{p}{2}\right)^2 - q > 0 \Rightarrow x_1 = -\frac{p}{2} + \sqrt{\left(\frac{p}{2}\right)^2 - q}$ und $x_2 = -\frac{p}{2} - \sqrt{\left(\frac{p}{2}\right)^2 - q}$
>
> (2) $\left(\frac{p}{2}\right)^2 - q = 0 \Rightarrow x_1 = x_2 = -\frac{p}{2}$
>
> (3) $\left(\frac{p}{2}\right)^2 - q < 0 \Rightarrow L = \{ \}$

Die Betrachtung der Diskriminante war wichtig, um in einer quadratischen Gleichung die Koeffizienten p oder q so wählen zu können, daß die gewünschte Anzahl von Lösungen entsteht.

Ein Beispiel:

Bestimmen Sie in der quadratischen Gleichung $x^2 + p \cdot x + 12{,}25 = 0$ einen Wert für p so, daß die Gleichung zwei Lösungen hat.

Damit die Gleichung zwei Lösungen hat, muß p so gewählt werden, daß die Diskriminante positiv ist:

$$\left(\frac{p}{2}\right)^2 - 12{,}25 > 0 \qquad | + 12{,}25$$

Auflösen nach p^2: $\frac{p^2}{4} > 12{,}25 \qquad | \cdot 4$

$$p^2 > 49$$

Damit $p^2 > 49$ wird, muß $p > 7$ oder $p < -7$ gewählt werden.

Aufgaben zu 6.1

1. Überprüfen Sie mit Hilfe der Diskriminante, ob die gegebenen quadratischen Gleichungen zwei, eine oder keine Lösung haben:
   a) $x^2 - 18 \cdot x + 99 = 0$
   b) $x^2 + 6 \cdot x + 18 = 0$
   c) $x^2 - 9 \cdot x + 20{,}25 = 0$
   d) $17 \cdot x + x^2 - 70 = 0$
   e) $42 - 12 \cdot x + x^2 = 0$
   f) $10 + x^2 - 7 \cdot x = 0$

2. Bestimmen Sie zu den gegebenen quadratischen Gleichungen jeweils die Lösungen:
   a) $x^2 - 2 \cdot x = 35$
   b) $(x - 2{,}5) \cdot (x + 4) = 0$
   c) $4 \cdot x \cdot (x - 3) + 10 = x \cdot (3 \cdot x - 16)$
   d) $(x + 1)^2 = 5$
   e) $2 \cdot x \cdot (x + 1{,}5) = x^2 - 2{,}25$
   f) $2 \cdot (x^2 - 4) - (x - 4)^2 = 2 \cdot x^2 + 1$
   g) $2 \cdot x \cdot (x - 8) + 120 - 4 \cdot (4 \cdot x - 25) = x^2$
   h) $3 \cdot (4 - x) = 3 \cdot x - x^2 + 12$
   i) $(x - 2)^2 + 2 \cdot x + 21 = (x + 3)^2 - x^2$
   k) $0{,}5\,x + 7{,}5 = x^2 - (5 + 2 \cdot x) \cdot (2{,}5 + x)$

*3. Setzen Sie in den folgenden quadratischen Gleichungen je eine Zahl für p oder q ein, so daß die Gleichung genau zwei Lösungen hat:
   a) $x^2 - 26 \cdot x + q = 0$
   b) $x^2 + p \cdot x + 6{,}25 = 0$
   c) $x^2 - 18 \cdot x + 5 = q$
   d) $x^2 + 7 \cdot x + p \cdot x + 16 = 0$

4. Bestimmen Sie eine Zahl für q so, daß die eine Lösung x_1 der quadratischen Gleichung $(x - 3)^2 - 10 = q - 2 \cdot x$ gleich 5 ist. Wie lautet die andere Lösung x_2 der Gleichung?

6

6.2 Die allgemeine quadratische Gleichung $a \cdot x^2 + b \cdot x + c = 0$

Die in Kapitel 6.1 besprochene Form der quadratischen Gleichung $x^2 + p \cdot x + q = 0$ ist nur eine Sonderform der allgemeinen quadratischen Gleichung. Für die *allgemeine quadratische Gleichung* soll nun eine Definition gegeben werden:

> Gleichungen, die in die Form $\mathbf{a \cdot x^2 + b \cdot x + c = 0}$ (mit $a \neq 0$) umgewandelt werden können, heißen **quadratische Gleichungen**.
> Dabei nennt man $a \cdot x^2$ das *quadratische Glied*,
> $b \cdot x$ das *lineare Glied* und
> c das *absolute Glied*.

Dazu ein Beispiel:

Die Lösungen der Gleichung $4 \cdot (x + 1)^2 = 76 - 2 \cdot x \cdot (x - 1)$ sind gesucht.

Die gegebene Gleichung muß zunächst in die allgemeine Form gebracht werden:

Anwendung der binomischen Formel: $4 \cdot (x^2 + 2 \cdot x + 1) = 76 - 2 \cdot x \cdot (x - 1)$

Auflösen der Klammern: $4 \cdot x^2 + 8 \cdot x + 4 = 76 - 2 \cdot x^2 + 2 \cdot x$

Äquivalenzumformung: $| -76 + 2 \cdot x^2 - 2 \cdot x$

$$6 \cdot x^2 + 6 \cdot x - 72 = 0$$

Nun sollen Lösungen der Gleichung $6 \cdot x^2 + 6 \cdot x - 72 = 0$ bestimmt werden.

Dazu gibt es zwei Möglichkeiten:

1. Die Lösungsformel der quadratischen Gleichung der Form $x^2 + p \cdot x + q = 0$ ist bekannt. Die Gleichung $6 \cdot x^2 + 6 \cdot x - 72 = 0$ kann auf diese Form zurückgeführt werden, wenn man beide Seiten der Gleichung durch 6 dividiert:

$$6 \cdot x^2 + 6 \cdot x - 72 = 0 \qquad | :6$$
$$x^2 + x - 12 = 0$$

Nun kann die Lösungsformel angewendet werden:

$$x_{1/2} = -0{,}5 \pm \sqrt{0{,}25 + 12}$$
$$x_{1/2} = -0{,}5 \pm 3{,}5$$

Die Lösungen sind: $x_1 = -4 \quad , \quad x_2 = 3$

Allgemein kann man jede quadratische Gleichung der Form $a \cdot x^2 + b \cdot x + c = 0$ auf die Form $x^2 + p \cdot x + q = 0$ bringen, indem man beide Seiten der Gleichung durch a dividiert:

$$a \cdot x^2 + b \cdot x + c = 0 \qquad | : a$$
$$x^2 + \frac{b}{a} \cdot x + \frac{c}{a} = 0$$
$$x^2 + p \cdot x + q = 0$$

Auf die so erhaltene Form der quadratischen Gleichung wendet man dann die Lösungsformel an.

2. Man wendet die aus Lektion 5 bekannte Formel

$$x_{1/2} = \frac{-b \pm \sqrt{b^2 - 4 \cdot a \cdot c}^{\,*}}{2 \cdot a}$$

direkt auf die Gleichung $6 \cdot x^2 + 6 \cdot x - 72 = 0$ an:

$$x_{1/2} = \frac{-6 \pm \sqrt{36 - 4 \cdot 6 \cdot (-72)}}{2 \cdot 6}$$

und erhält:

$$x_{1/2} = \frac{-6 \pm \sqrt{1764}}{12}$$

mit $x_1 = \frac{-6 + 42}{12} = 3$ und $x_2 = \frac{-6 - 42}{12} = -4$

Ein weiteres Beispiel:

Die Lösungen der Gleichung $3 \cdot (x - 1{,}5) \cdot (x + 8) = 0$ sind gesucht.

In diesem Fall dividiert man am besten vor dem Ausmultiplizieren der Klammern durch 3 und erhält:

$$(x - 1{,}5) \cdot (x + 8) = 0$$

Auflösen der Klammern: $x^2 + 8 \cdot x - 1{,}5 \cdot x - 12 = 0$

Zusammenfassen: $x^2 + 6{,}5 \cdot x - 12 = 0$

Anwenden der Lösungsformel:

$$x_{1/2} = -3{,}25 \pm \sqrt{10{,}5625 + 12}$$
$$x_{1/2} = -3{,}25 \pm 4{,}75$$
$$x_1 = 1{,}5 \quad \text{und} \quad x_2 = -8$$

Vergleicht man die erhaltenen Lösungen mit der gegebenen Gleichung, dann stellt man fest, daß an den Termen in den Klammern die Lösungen schon erkennbar waren. Bei Gleichungen dieser Form kann man die Lösungen schneller bestimmen, wenn man den Satz vom Nullprodukt kennt:

Satz vom Nullprodukt:
Ein Produkt ist genau dann gleich Null, wenn mindestens einer der Faktoren Null ist.

* Auch in dieser Formel wird der Term unter der Wurzel, $b^2 - 4 \cdot a \cdot c$, Diskriminante genannt.

Angewendet auf die gegebene Gleichung $3 \cdot (x - 1{,}5) \cdot (x + 8) = 0$ heißt das: Dieses Produkt nimmt den Wert 0 an, wenn $x - 1{,}5 = 0$ oder wenn $x + 8 = 0$ gilt.
Dies ist der Fall, wenn $x = 1{,}5$ oder $x = -8$ ist.
Die Lösungen $x_1 = 1{,}5$ und $x_2 = -8$ sind also direkt aus der Gleichung abzulesen.

Wenn man diesen Zusammenhang kennt, dann kann man auch recht einfach zu gegebenen Lösungen eine quadratische Gleichung aufstellen.

Ein Beispiel:
Geben Sie eine quadratische Gleichung mit den Lösungen $x_1 = -9$ und $x_2 = 7$ an.

Lösung:
$$(x + 9) \cdot (x - 7) = 0$$
$$x^2 + 2 \cdot x - 63 = 0$$

Dies ist eine der quadratischen Gleichungen mit den Lösungen -9 und 7. Durch Multiplikation mit einem Faktor a können Sie unendlich viele quadratische Gleichungen mit den Lösungen -9 und 7 konstruieren:
$$a \cdot (x + 9) \cdot (x - 7) = 0$$
$$a \cdot (x^2 + 2 \cdot x - 63) = 0$$

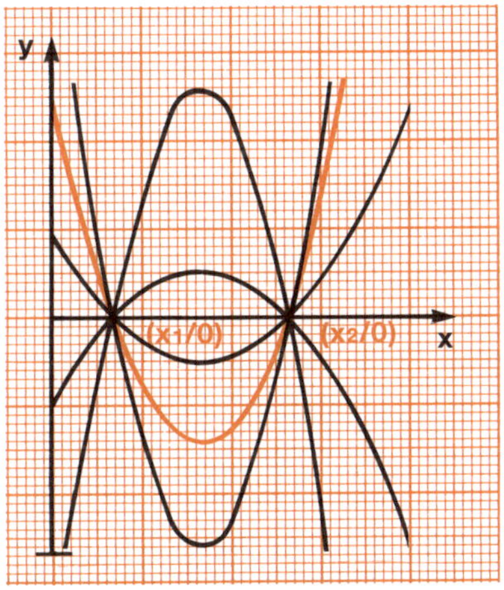

In der Lektion 5 wurde zu gegebenen Nullstellen $(x_1 \mid 0)$ und $(x_2 \mid 0)$ die Funktionsgleichung einer Normalparabel erstellt. Mit Hilfe des eben genannten Satzes läßt sich auch eine solche Aufgabe einfacher lösen:
Eine Parabel mit der Funktionsgleichung $y = (x - x_1) \cdot (x - x_2)$ hat die Nullstellen $(x_1 \mid 0)$ und $(x_2 \mid 0)$.
Dieselben Nullstellen haben alle Parabeln mit der Funktionsgleichung

$$y = a \cdot (x - x_1) \cdot (x - x_2).$$

Besondere Fälle der quadratischen Gleichung $a \cdot x^2 + b \cdot x + c = 0$ liegen vor, wenn einer der Koeffizienten b oder c Null wird.

Falls $b = 0$, erhält man eine quadratische Gleichung der Form $a \cdot x^2 + c = 0 \quad | -c$
und durch Umformung $a \cdot x^2 = -c \quad | : a$
die **reinquadratische Gleichung** $x^2 = -\frac{c}{a}$
$$x^2 = -q$$
Die Lösungen einer solchen reinquadratischen Gleichung sind
$$x_1 = +\sqrt{-q} \quad \text{und} \quad x_2 = -\sqrt{-q}.$$

Falls $c = 0$, erhält man eine quadratische Gleichung der Form $a \cdot x^2 + b \cdot x = 0$
Durch die Umformung $a \cdot x \cdot (x + \frac{b}{a}) = 0$
erhält man $a \cdot x \cdot (x + p) = 0$

Hier kann man wieder den Satz anwenden: „Ein Produkt ist Null, wenn mindestens einer der Faktoren Null ist."
Die Lösungen bei dieser Form sind: $x_1 = 0$ und $x_2 = -p$.

Aufgaben zu 6.2

1. Bestimmen Sie die Lösungen zu folgenden quadratischen Gleichungen:
   a) $(x - 3{,}5) \cdot (x + 6) = 0$
   b) $2{,}5 \cdot x^2 - 7{,}5 \cdot x = 25$
   c) $1{,}8 \cdot x^2 + 5{,}4 \cdot x = 0$
   d) $(x - 2) \cdot (3 \cdot x - 10) = 2 \cdot x - 10$
   e) $2 \cdot (x - 5) \cdot (3 + x) = -4 \cdot (x + 3)$
   f) $(8 + x) \cdot (2{,}5 + 4 \cdot x) = 20 - 13{,}5 \cdot x$
   g) $(4 \cdot x + 9)^2 + 2 \cdot x = 76 - (3 \cdot x - 4)^2$
   h) $0{,}5 \cdot (x + 4)^2 = -2 \cdot (x + 1{,}5)^2 - 7{,}5$
   i) $3 \cdot x \cdot (2 \cdot x - 3) = x^2$
   k) $0{,}5 \cdot (x - 4)^2 - 3{,}5 = -(x - 3)^2 + 5 \cdot x$

2. Geben Sie eine quadratische Gleichung der Form $x^2 + p \cdot x + q = 0$ an, die folgende Lösungen hat:
   a) $x_1 = -3$; $x_2 = 5$
   b) $x_1 = 0$; $x_2 = -4$
   c) $x_1 = -8$; $x_2 = 8$
   d) $x_1 = x_2 = 7$
   e) $x_1 = 1{,}6$; $x_2 = 2{,}5$
   f) $x_1 = 1 + \sqrt{3}$; $x_2 = 1 - \sqrt{3}$

3. Eine mit dem Faktor 2,5 gestreckte Parabel hat die Nullstellen $(-4 \mid 0)$ und $(6 \mid 0)$. Geben Sie die Funktionsgleichung in der allgemeinen Form an.

6.3 Anwendungen quadratischer Gleichungen

Bei den Anwendungen der quadratischen Gleichung handelt es sich - wie schon bei den Anwendungen der quadratischen Funktion - um die Bearbeitung von Textaufgaben. Aus dem Text muß zunächst der mathematische Zusammenhang herausgearbeitet werden. Oft muß eine einschränkende Bedingung beachtet werden, die dazu führen kann, daß nicht beide Lösungen der quadratischen Gleichung auch Lösungen für das Sachproblem sind.

Beispiel 1

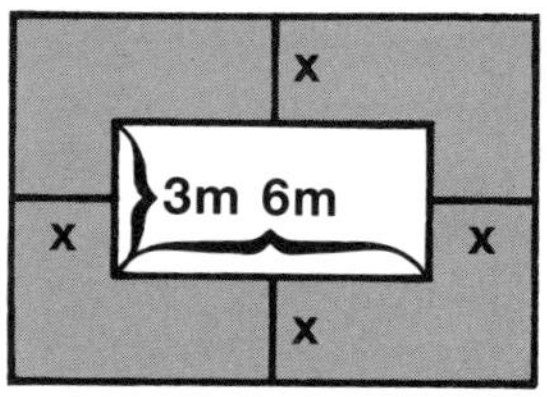

Um ein rechteckiges Blumenbeet, das 3 m breit und 6 m lang ist, wird ein auf jeder Seite gleich breiter Rasenstreifen angelegt. Die Fläche dieses Streifens ist insgesamt fünfmal so groß wie die des Blumenbeetes. Wie breit ist der Streifen?

Gesucht ist die Breite des Streifens x. Für x muß gelten $x > 0$.

Ansatz: Fläche des Streifens = Gesamtfläche − Fläche des Blumenbeetes

$$18 \cdot 5\,m^2 = (3 + 2x)\,m \cdot (6 + 2x)\,m - 3 \cdot 6\,m^2$$

Rechnung:

$$90 = (3 + 2x) \cdot (6 + 2x) - 3 \cdot 6$$
$$90 = 18 + 6x + 12x + 4x^2 - 18$$
$$90 = 4x^2 + 18x$$
$$4x^2 + 18x - 90 = 0$$

Hier und in den folgenden Sachbeispielen wird der Lösungsweg nur bis zu diesem Schritt angegeben. Sie können dann von den beiden Lösungsformeln diejenige auswählen, mit der Sie lieber arbeiten möchten.

Die Lösungen der quadratischen Gleichung sind $x_1 = 3$ und $x_2 = -7{,}5$. Als Lösung der Sachaufgabe kommt nur $x_1 = 3$ in Betracht, da $x_2 = -7{,}5$ die einschränkende Bedingung $x > 0$ nicht erfüllt.

Anhand von sogenannten „Zahlenrätseln" kann man gut das Aufstellen von Gleichungen üben und die einschränkende Bedingung formulieren.

Beispiel 2
Eine Zahl besteht aus zwei Ziffern, von denen die zweite um 4 größer ist als die erste. Multipliziert man die Zahl mit ihrer Quersumme, dann erhält man 576. Wie heißt die Zahl?

Hier ist zwar nach einer Zahl gefragt, aber die Informationen im Text beziehen sich auf die Ziffern dieser Zahl. Die Variable x muß also eine der Ziffern der gesuchten Zahl bezeichnen. Mit dieser Grundlage kann man die weiteren Informationen auswerten:

1. Ziffer: x 2. Ziffer: $x + 4$ Quersumme: $x + (x + 4) = 2 \cdot x + 4$

Es fehlt für den Ansatz noch die Darstellung der Zahl aus ihren Ziffern. Die erste Ziffer ist die Zehnerziffer, für die Beschreibung der Zahl muß sie verzehnfacht werden:
Zahl: $10 \cdot x + (x + 4)$

Da die Variable x für die Ziffer einer Zahl steht, kann x nur eine natürliche Zahl zwischen 0 und 9 sein.
Einschränkende Bedingung: $x \in \mathbb{N}^*$ mit $0 \leq x \leq 9$

Ansatz: Zahl $\cdot$ Quersumme $= 576$

$$(10 \cdot x + x + 4) \cdot (2 \cdot x + 4) = 576$$

Rechnung: $(11 \cdot x + 4) \cdot (2 \cdot x + 4) = 576$

Ausmultiplizieren: $22 \cdot x^2 + 44 \cdot x + 8 \cdot x + 16 = 576$

Zusammenfassen: $22 \cdot x^2 + 52 \cdot x - 560 = 0$

Die Lösungen sind $x_1 = 4$ und $x_2 = -\frac{70}{11}$

Nur $x_1 = 4$ erfüllt die einschränkende Bedingung ($x \in \mathbb{N}^*$ mit $0 \leq x \leq 9$).
Antwort: Die Zahl heißt 48.

Zur Überprüfung der erhaltenen Lösung benutzt man am besten den Text der Aufgabe: Multipliziert man die Zahl 48 mit ihrer Quersumme (12), dann erhält man 576.
$48 \cdot 12 = 576$ ist wahr.

In einigen Fällen besteht der Lösungsansatz einer Anwendungsaufgabe aus einer Gleichung, die erst im Laufe der Berechnung zu einer quadratischen Gleichung führt. Die Gleichung, die den Ansatz formuliert, ist dabei häufig eine Bruchgleichung, bei der die Variable x im Nenner steht. Durch Multiplikation mit diesem Nenner entsteht dann eine quadratische Gleichung.

Hierzu ein Beispiel aus einem alten Rechenbuch (die Preise stammen aus dem Jahr 1911):

Beispiel 3
Eine Anzahl von Studenten kehrte in einem Wirtshause ein und hatte schließlich eine Rechnung von 12 Mark zu bezahlen. Wären ihrer 4 mehr gewesen und hätte jeder für 25 Pfennige weniger verzehrt, so hätte sich die Rechnung auf 15 Mark belaufen. Wie groß war die Zahl der Studenten?

Für den mathematischen Ansatz zu dieser Aufgabe muß davon ausgegangen werden, daß jeder gleichviel bezahlt hat.
Die Umrechnung von Mark in Pfennig ist: 12 Mark = 1200 Pfennige

Anzahl der Studenten: x mit der einschränkenden Bedingung: $x \in \mathbb{N}^*$

Verzehr jedes Studenten: $\frac{1200}{x}$

6

Ansatz:	(Anzahl der Studenten plus 4) · (Verzehr minus 25 Pf)	= 15 M
	$(x + 4) \cdot (\frac{1200}{x} - 25)$	$= 1500$
Ausmultiplizieren:	$1200 - 25\,x + \frac{4800}{x} - 100$	$= 1500$
1500 subtrahieren und Zusammenfassen:	$-25 \cdot x + \frac{4800}{x} - 400$	$= 0$

Die Gleichung $-25 \cdot x + \frac{4800}{x} - 400 = 0$ führt zu einer quadratischen Gleichung, wenn man beide Seiten der Gleichung mit x multipliziert, um den Nenner zu beseitigen:

$$-25 \cdot x + \frac{4800}{x} - 400 = 0 \quad | \cdot x$$
$$-25 \cdot x^2 + 4800 - 400 \cdot x = 0$$

Von den beiden Lösungen $x_1 = 8$ und $x_2 = -24$ gilt für die Textaufgabe nur x_1, da x_2 die einschränkende Bedingung nicht erfüllt. Antwort: Es waren 8 Studenten.

Aufgaben zu 6.3

1. Ist es möglich, eine rechteckige Fläche von $180\ m^2$ mit einem
   a) 54 m langen b) 52 m langen Zaun einzufassen?
   Wenn ja, wie lang müßten dann die Seiten des Rechtecks gewählt werden?
2. Dividiert man 7,2 durch eine Zahl, so erhält man genausoviel, wie wenn man die Zahl von 7,2 subtrahiert. Wie heißt die Zahl?
3. Für einen Betriebsausflug wird ein Bus für 180 DM gemietet. Hätten 5 Personen mehr teilgenommen, dann hätte jede 50 Pfennig weniger bezahlt. Wieviele Personen nahmen an dem Betriebsausflug teil?

*4. Bei einer Zahl mit zwei Ziffern ist die erste Ziffer um 3 kleiner als die zweite. Stellt man die Ziffern um und multipliziert die so erhaltene Zahl mit der ursprünglichen, so erhält man 1300.

5. Ein Spiegel von 60 cm Länge und 40 cm Breite soll mit einem überall gleich breiten Rahmen versehen werden. Aus optischen Gründen soll die Rahmenfläche genauso groß wie die Spiegelfläche sein. Wie breit muß der Rahmen werden?

Wiederholungsaufgaben

1. Bestimmen Sie jeweils die Lösungen der quadratischen Gleichungen:
   a) $2{,}5 \cdot x^2 + 5 \cdot x = 60$ b) $x \cdot (x - 5) = 5 \cdot (x - 6)$
   c) $(x - 11) \cdot (x - 4) = -3 - x$ d) $(2 \cdot x + 20) \cdot (x + 4) = (x + 6)^2 - 20$
   e) $4 \cdot (2 \cdot x - 9) = (x - 4) \cdot (x + 4)$ f) $(x - 1{,}5)^2 - 0{,}5 \cdot (4{,}5 - 2 \cdot x) = x$
   g) $(x - 5)^2 - 10 = 0{,}5 \cdot (40 - x)$ h) $5 \cdot (2 \cdot x + 3) - (x + 5)^2 = 15 - 2 \cdot x^2$
2. Welche Zahl ergibt durch 8 dividiert 2 mehr, als wenn man 280 durch sie dividiert?

*3. Setzen Sie jeweils eine Zahl für q so ein, daß die quadratische Gleichung die Lösung 2 hat. Bestimmen Sie auch die andere Lösung der Gleichung:

a) $x^2 - 7 \cdot x + q = 0$ b) $(x - 3) \cdot (x + 3) = q$

c) $(x - 1)^2 = q - 3$ d) $(x - 5)^2 - 3 = 6 \cdot (q - x)$

4. Bei einem bestimmten PKW-Typ läßt sich die Abhängigkeit des Benzinverbrauchs von der Geschwindigkeit beschreiben durch: $y = \frac{1}{1600} \cdot (x - 30)^2 + 2$ (siehe Folge 5, Kapitel 1).
Bei welcher Geschwindigkeit ist der Benzinverbrauch nur halb so groß wie bei 150 km/h ?

5. Bestimmen Sie aus den Nullstellen und dem Streckfaktor der Parabeln die Funktionsgleichung:

a) $N_1(0|0)$, $N_2(6|0)$, $a = 2$ b) $N_1(-3|0)$, $N_2(5|0)$, $a = 1{,}5$

c) $N_1(-4|0)$, $N_2(2{,}5|0)$, $a = 4$

*6. Eine Strecke ist nach dem goldenen Schnitt geteilt, wenn gilt: $s : x = x : y$
Wie groß sind x und y , wenn eine Strecke von 8 m nach dem *goldenen Schnitt* geteilt werden soll?

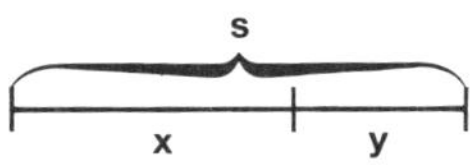

7. Die quadratische Gleichung $x^2 + p \cdot x + q = 0$ läßt sich mit Hilfe der Lösungen x_1 und x_2 auch schreiben als: $(x - x_1) \cdot (x - x_2) = 0$ (siehe Kapitel 6.2). Der quadratische Term $x^2 + p \cdot x + q$ kann so in seine *Linearfaktoren* $(x - x_1)$ und $(x - x_2)$ zerlegt werden.
Geben Sie folgende Terme als Produkt von Linearfaktoren an:

a) $x^2 - x - 12$ b) $x^2 - 3{,}5 \cdot x + 3$

c) $x^2 + 6 \cdot x + 5$ d) $x^2 + 10 \cdot x - 24$

Lösungen der Aufgaben

Lektion 1

Aufgaben im Text

1

x	0	1	2	3	4	5	6	7	8	9	10
$y = 39 - x$	39	38	37	36	35	34	33	32	31	30	29

2

$$\begin{aligned} 4x - 2y &= 5 \\ 3x + 6y &= 30 \end{aligned} \quad \begin{aligned} &\mid -4x \\ &\mid -3x \end{aligned}$$

$$\begin{aligned} -2y &= -4x + 5 \\ 6y &= -3x + 30 \end{aligned} \quad \begin{aligned} &\mid :(-2) \\ &\mid :6 \end{aligned}$$

$$\begin{aligned} y &= 2x - 2{,}5 \\ y &= -0{,}5x + 5 \end{aligned} \quad \mid \text{Gleichsetzen}$$

$$\begin{aligned} 2x - 2{,}5 &= -0{,}5x + 5 \\ y &= -0{,}5x + 5 \end{aligned} \quad \mid +0{,}5x + 2{,}5$$

$$\begin{aligned} 2{,}5x &= 7{,}5 \\ y &= -0{,}5x + 5 \end{aligned} \quad \mid :2{,}5$$

$$\begin{aligned} x &= 3 \\ y &= -0{,}5x + 5 \end{aligned} \quad \mid \text{Einsetzen}$$

$$\begin{aligned} x &= 3 \\ y &= -0{,}5 \cdot 3 + 5 \end{aligned}$$

$$\begin{aligned} x &= 3 \\ y &= 3{,}5 \end{aligned}$$

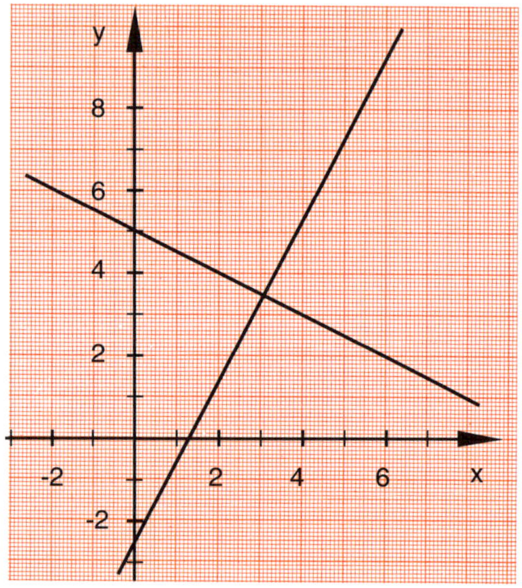

Die hier verwendete Schreibweise wird in Abschnitt 1.3 eingeführt und genau erläutert.

Aufgaben zu 1.1

1.

$$\begin{aligned} y &= 60 + 1{,}5x \\ y &= 90 + 0{,}9x \end{aligned} \quad \mid \text{Gleichsetzen}$$

$$\begin{aligned} 60 + 1{,}5x &= 90 + 0{,}9x \\ y &= 90 + 0{,}9x \end{aligned} \quad \mid -0{,}9x - 60$$

$$\begin{aligned} 0{,}6x &= 30 \\ y &= 90 + 0{,}9x \end{aligned} \quad \mid :0{,}6$$

$$\begin{aligned} x &= 50 \\ y &= 90 + 0{,}9x \end{aligned} \quad \mid \text{Einsetzen}$$

$$\begin{aligned} x &= 50 \\ y &= 90 + 0{,}9 \cdot 50 \end{aligned}$$

$$\begin{aligned} x &= 50 \\ y &= 135 \end{aligned}$$

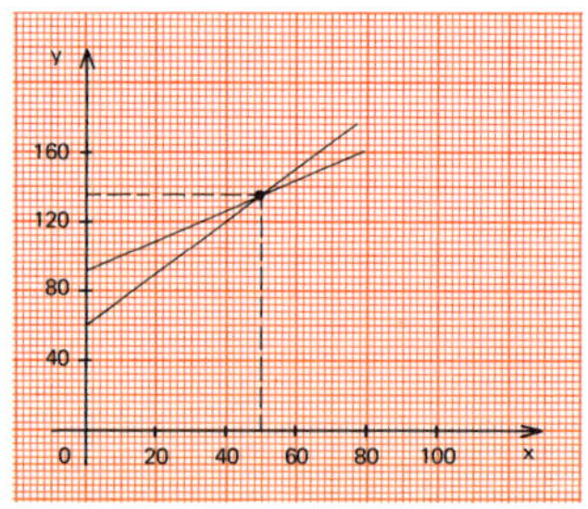

Bei 50 km Entfernung sind die Angebote beider Busunternehmer gleich günstig bzw. gleich teuer.

2.

$$\begin{aligned} y &= 0{,}04x + 50 \\ y &= 0{,}06x \end{aligned} \quad \mid \text{Gleichsetzen}$$

$$\begin{aligned} 0{,}04x + 50 &= 0{,}06x \\ y &= 0{,}06x \end{aligned} \quad \mid -0{,}06x - 50$$

$$\begin{aligned} -0{,}02x &= -50 \\ y &= 0{,}06x \end{aligned} \quad \mid :(-0{,}02)$$

$$\begin{aligned} x &= 2500 \\ y &= 0{,}06x \end{aligned} \quad \mid \text{Einsetzen}$$

$$\begin{aligned} x &= 2500 \\ y &= 0{,}06 \cdot 2500 \end{aligned}$$

$$\begin{aligned} x &= 2500 \\ y &= 150 \end{aligned}$$

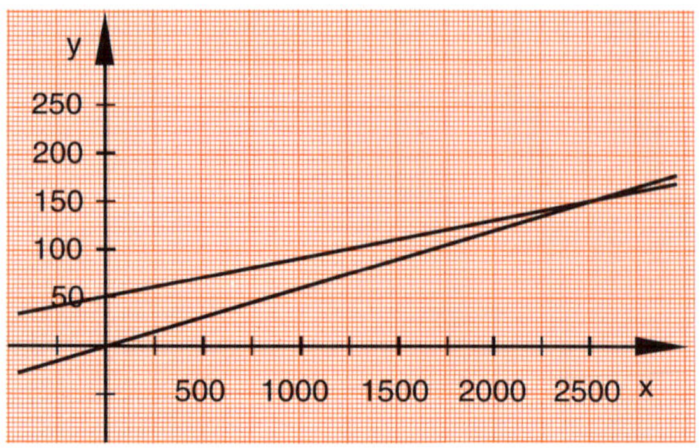

Für Lohnempfänger bis 2500 DM Lohn ist die Möglichkeit a) günstiger.

Aufgaben zu 1.2

1. (10^{20} Uhr | 6 km von A entfernt) 2. (9^{50} Uhr | 41,4 km von Köln entfernt) 3. (2 | 4)

$$\left| \begin{array}{l} y = 4{,}5\,x \\ y = 12\,x - 10 \end{array} \right| \qquad \left| \begin{array}{l} y = \frac{600}{41}\,x \\ y = 50\,x - 100 \end{array} \right| \qquad \left| \begin{array}{r} x + y = 6 \\ 2x + 3y = 16 \end{array} \right|$$

$$\left| \begin{array}{l} 6 = 4{,}5 \cdot \frac{4}{3} \\ 6 = 12 \cdot \frac{4}{3} - 10 \end{array} \right| \qquad \left| \begin{array}{l} 41{,}4 = \frac{600}{41} \cdot \frac{82}{29} \\ 41{,}4 = 50 \cdot \frac{82}{29} - 100 \end{array} \right| \qquad \left| \begin{array}{r} 2 + 4 = 6 \\ 2 \cdot 2 + 3 \cdot 4 = 16 \end{array} \right|$$

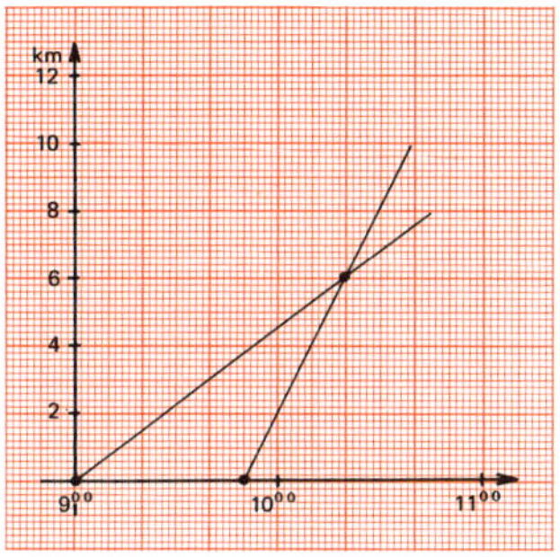

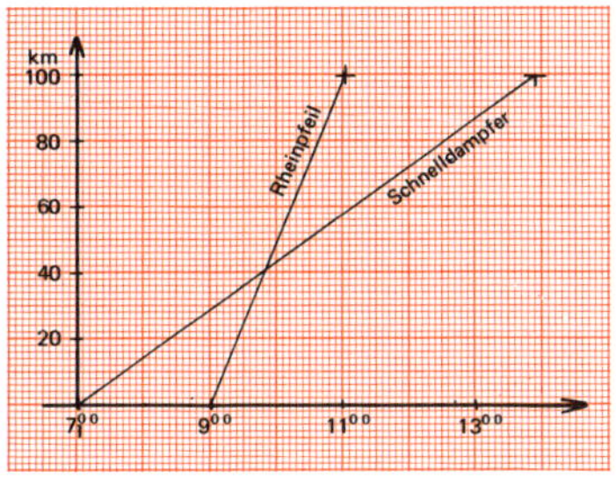

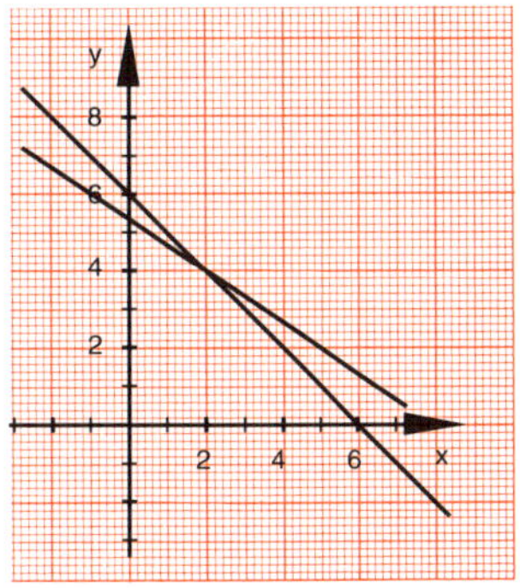

Aufgaben zu 1.3

1. a) (5 | 7) b) (5 | 3) c) (7 | 3) 2. a) (3 | –5) b) (3 | 1) c) $\left(-\frac{1}{2} \,\middle|\, -\frac{13}{4} \right)$

3. a) $39 - x = 70 - 2x$ $x = 31$ b) $5x = 33 - 6x$ $x = 3$
   $y = 70 - 2 \cdot 31 = 8$ $y = 5 \cdot 3 = 15$

Aufgaben zu 1.4

1. a) keine Lösung b) (x | y = x + 1) mit $x \in \mathbb{R}$ c) $\left(\frac{4}{3} \,\middle|\, \frac{7}{3} \right)$

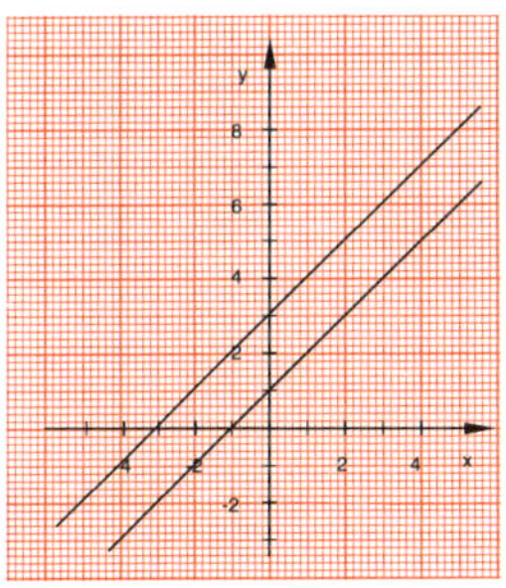

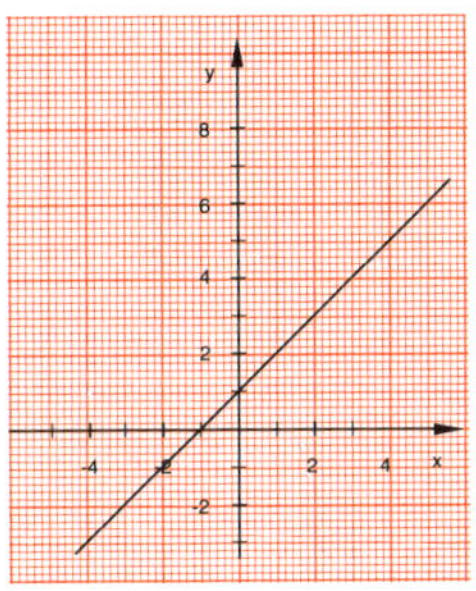

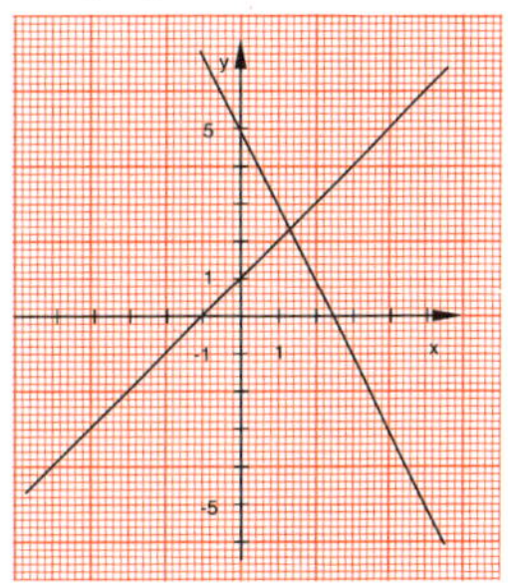

2. a) (x | y = 3x – 2) mit $x \in \mathbb{R}$ b) $\left(x \,\middle|\, y = -\frac{1}{2}x + 2 \right)$ mit $x \in \mathbb{R}$ c) $\left(x \,\middle|\, y = \frac{2}{3}x + \frac{4}{3} \right)$ mit $x \in \mathbb{R}$

3. a) $\left| \begin{array}{l} y = -\frac{a}{b}x \\ y = -\frac{c}{d}x \end{array} \right|$ Beide Geraden gehen durch den Nullpunkt. Also ist (0 | 0) die Lösung.

   b) Unendlich viele Lösungen bei gleicher Steigung, also für $\frac{a}{b} = \frac{c}{d}$.

Wiederholungsaufgaben

1. (12^{00} Uhr | 240 km von Frankfurt entfernt) 2. (11^{02} Uhr | 43,08 km von A)

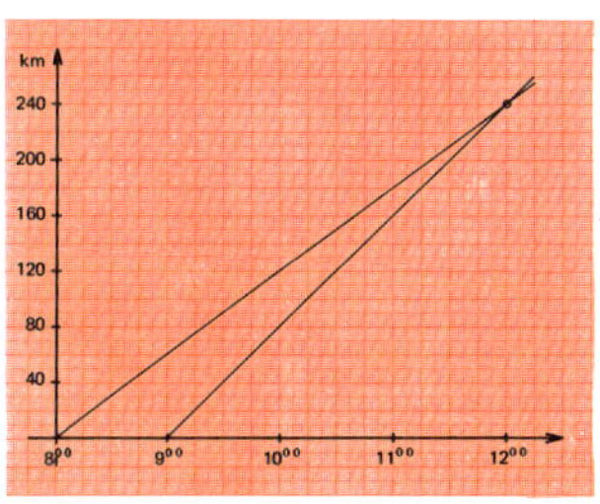

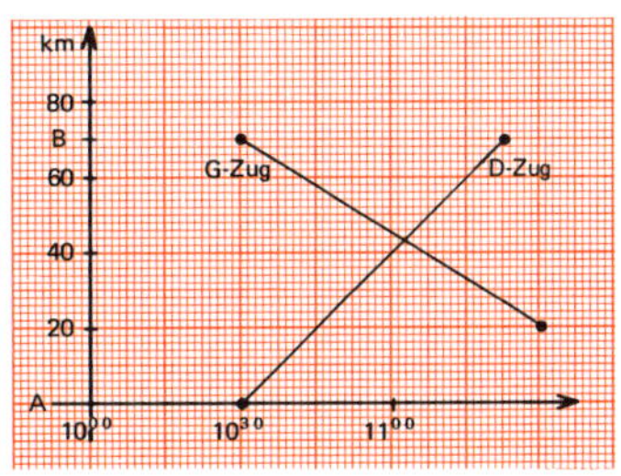

3. a) $(-6 \mid 4)$

$$\left| \begin{array}{l} y = -\frac{2}{3}x \\ y = \frac{2}{3}x + 8 \end{array} \right|$$

b) $(2 \mid \frac{11}{5})$

$$\left| \begin{array}{l} y = 2x - 1{,}8 \\ y = 2{,}2 \end{array} \right|$$

c) $(15 \mid 16)$

$$\left| \begin{array}{l} y = x + 1 \\ y = 1{,}4x - 5 \end{array} \right|$$

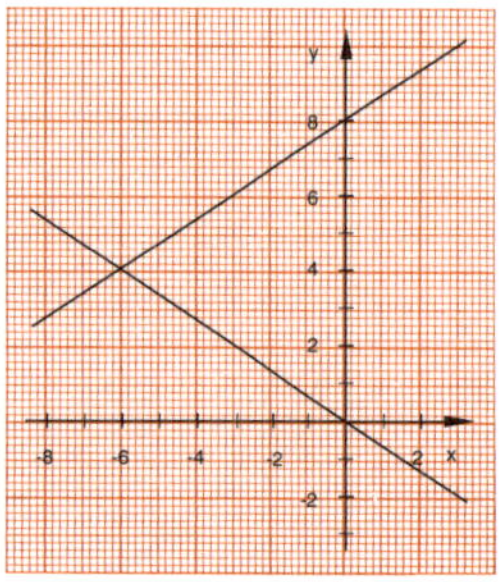

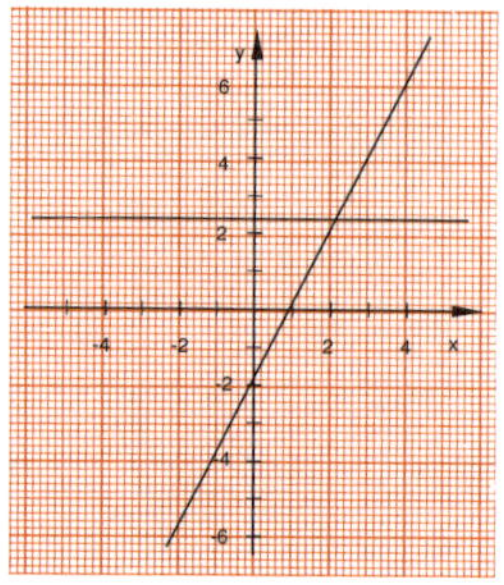

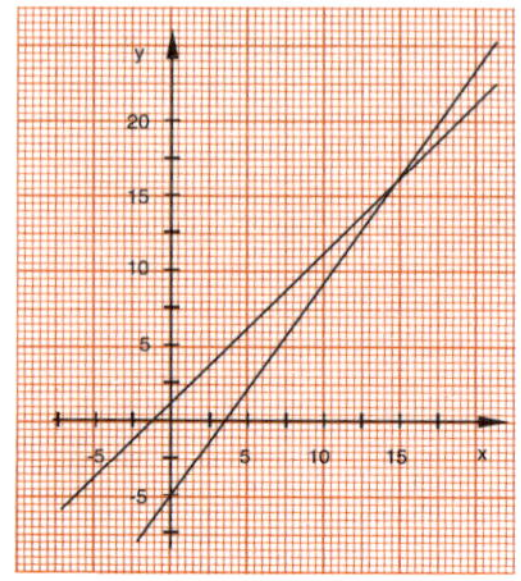

4. a) $(5 \mid 8)$ b) $(8 \mid 10)$ c) unendlich viele Lösungen

5. Zum Beispiel $u = 3$ und $v = -5$.

6. $$\left| \begin{array}{l} y = -\frac{a}{b}x + \frac{c}{b} \\ y = -\frac{d}{e}x + \frac{f}{e} \end{array} \right|$$

Wenn das Gleichungssystem unendlich viele Lösungen haben soll, müssen die Steigungen und die y-Achsen-Abschnitte gleich sein.

Also: $\frac{a}{b} = \frac{d}{e}$ und $\frac{c}{b} = \frac{f}{e}$, das heißt aber $a \cdot e = b \cdot d$ und $c \cdot e = b \cdot f$.

Lektion 2

Aufgaben im Text

1
$y = x + 10{,}5$
$y = 15{,}3 + 10{,}5$
$y = 25{,}8$

2
$3 \cdot \frac{25}{11} + 2 \cdot \frac{1}{11} = 7$
$6\frac{9}{11} + \frac{2}{11} = 7$

3
$S_1(-1 \mid 4)$
$S_2(5 \mid 10)$
$B(2 \mid -2)$

4
$$\left| \begin{array}{l} x = 0{,}8 \\ y = 2{,}4 \end{array} \right|$$

5
$\frac{1}{2{,}1} = \frac{1}{3} + \frac{1}{7}$
$\frac{10}{21} = \frac{7}{21} + \frac{3}{21}$

$3 + 7 = 10$

Aufgaben zu 2.1

1. Weißwein kostet x DM, Rotwein kostet y DM.
$$\left| \begin{array}{r} 30 \cdot x + 50 \cdot y = 744 \\ y = x + 2{,}40 \end{array} \right|$$
Lösung: (7,80 DM | 10,20 DM)

2. Zweiter Winkel y^0. Dritter Winkel x^0.
$$\left| \begin{array}{r} 90 + x + y = 180 \\ y = 5 \cdot x \end{array} \right|$$
Lösung: $(15^0 \mid 75^0)$

3. Länge y cm. Breite x cm.
$$\left| \begin{array}{r} 2x + 2y = 160 \\ y = 3 \cdot x \end{array} \right|$$
Lösung: (20 cm | 60 cm)

4. Vater y Jahre. Sohn x Jahre.
$$\left| \begin{array}{r} x + y = 60 \\ y = 4 \cdot x \end{array} \right|$$
Lösung: (12 Jahre | 48 Jahre)

Aufgaben zu 2.2

1. a) $(-1 \mid 4)$ b) $(-14 \mid -17)$ c) $(5 \mid 2)$

2. a) $(5 \mid 2)$ b) $(12 \mid -8)$ c) $(-8 \mid -2)$

Aufgaben zu 2.3

1. a) $(0 \mid 1{,}25)$ b) unendlich c) keine

2. a) keine b) $(-1 \mid 1)$ c) $(-1 \mid 0)$

Aufgaben zu 2.4

1. a) $(10 \mid 30)$ und $(-10 \mid -30)$ b) $(4 \mid 2)$ und $(7 \mid -1)$ c) nur eine Lösung: $(1 \mid 0)$
2. a) $(1 \mid 9)$ und $(9 \mid 1)$ b) $(7 \mid 2)$ und $(-2 \mid -7)$ c) $(10 \mid 5)$ und $(-5 \mid -10)$

Aufgaben zu 2.5

1. a) $\begin{vmatrix} y = \frac{300}{x} \\ y = 3 \cdot x \end{vmatrix}$ b) $\begin{vmatrix} y = \frac{2}{5-x} \\ y = 6 - x \end{vmatrix}$ c) $\begin{vmatrix} y = x^2 - x \\ y = x - 1 \end{vmatrix}$

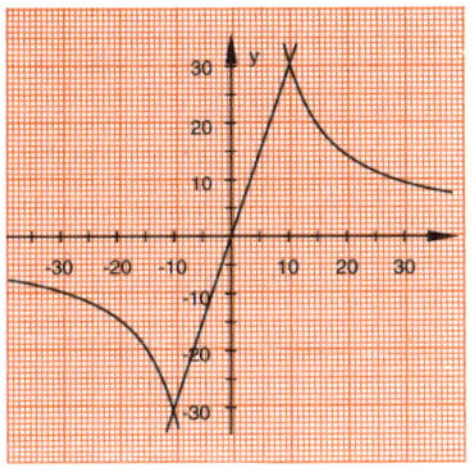
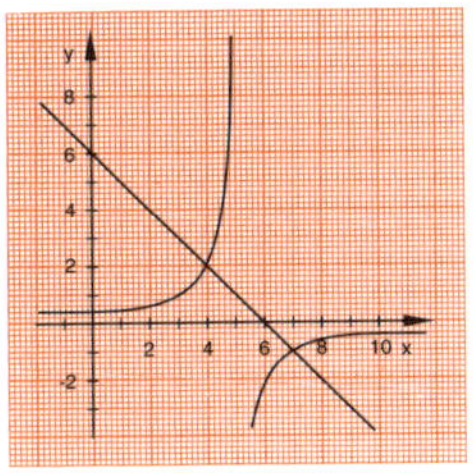
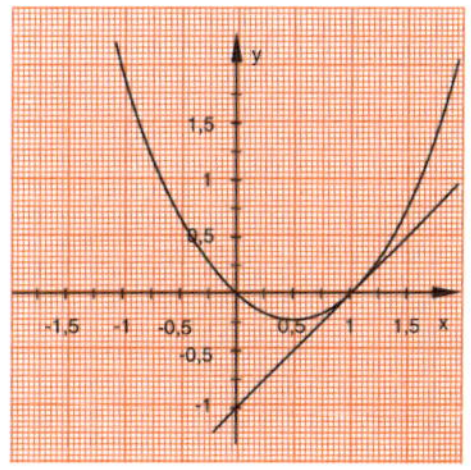

2. a) $\begin{vmatrix} y = \frac{9}{x} \\ y = 10 - x \end{vmatrix}$ b) $\begin{vmatrix} y = \frac{14}{x} \\ y = x - 5 \end{vmatrix}$ c) $\begin{vmatrix} y = \frac{10\,x}{10 + x} \\ y = x - 5 \end{vmatrix}$

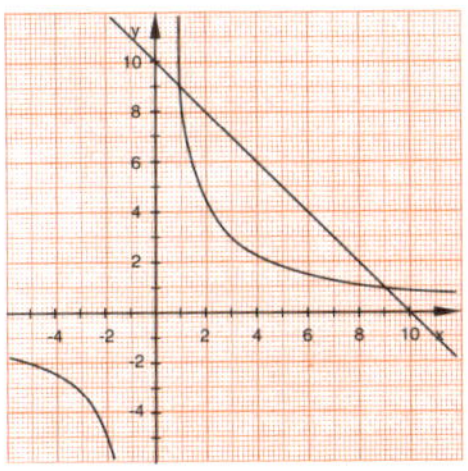
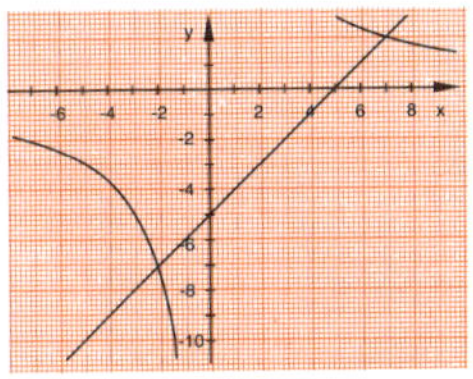
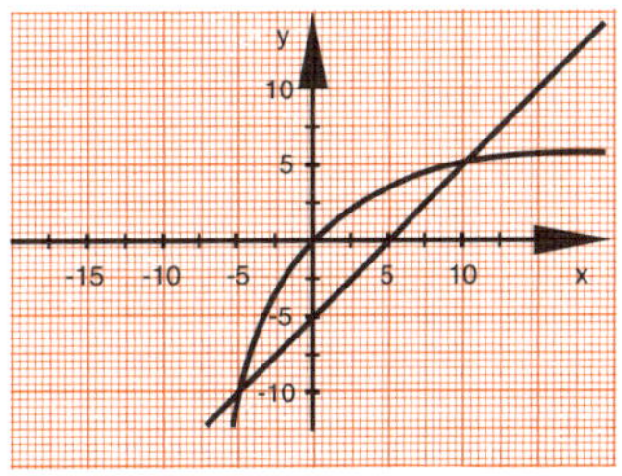

Wiederholungsaufgaben

1. a) $(-3 \mid -5)$ b) $(\frac{1}{3} \mid 1)$ c) $(2 \mid 2)$
2. a) $(\frac{46}{5} \mid \frac{1}{5})$ b) $(-\frac{20}{11} \mid -\frac{8}{11})$ c) $(2{,}1 \mid 6{,}38)$
3. $\begin{vmatrix} 150\,x = 120\,y \\ y = x + 1 \end{vmatrix}$ (4 % | 5 %)
4. $\begin{vmatrix} 8{,}4\,x + 10{,}2\,y = 256{,}8 \\ x + y = 28 \end{vmatrix}$ (16 Flaschen | 12 Flaschen)
5. $\begin{vmatrix} 65\,x + 90\,y = 80 \cdot 200 \\ x + y = 200 \end{vmatrix}$ (80 kg | 120 kg)
6. $\begin{vmatrix} 0{,}08\,x + y = 1400 \\ 0{,}08 \cdot (x - y) + y = 1325 \end{vmatrix}$ (5781,25 DM | 937,50 DM)
7. $\begin{vmatrix} y - \frac{x}{100} \cdot y = 28800 \\ \frac{5}{100} \cdot y = 1800 \end{vmatrix}$ (20 % | 36000 DM)
8. $\begin{vmatrix} R_1 \cdot R_2 = 21\,R_2 + 21\,R_1 \\ R_1 + R_2 = 100 \end{vmatrix}$ (30 Ω | 70 Ω), (70 Ω | 30 Ω)
9. a) $(1 \mid 11)$ und $(-11 \mid -1)$ b) $(9 \mid 4)$ und $(-4 \mid -9)$ c) keine Lösung

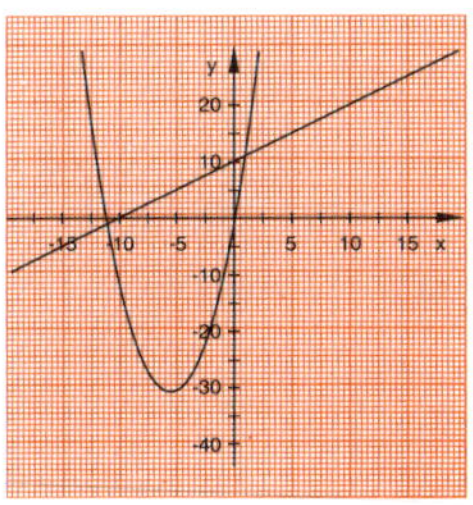
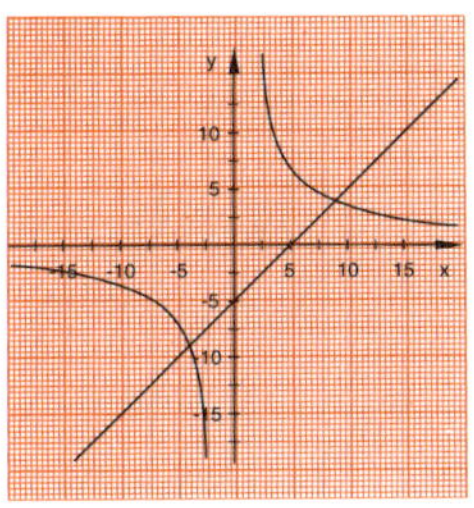
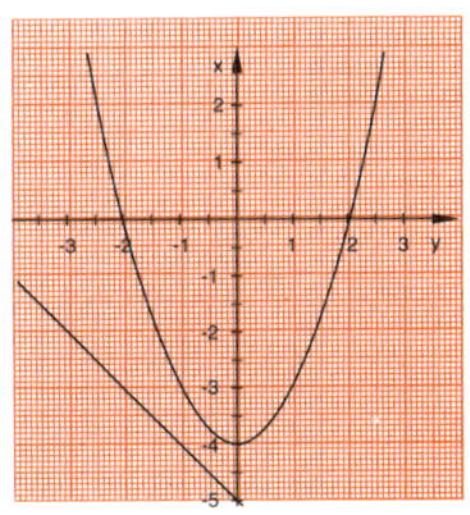

10. (12 | 8) und (8 | 12)
11. (12 | 4) und (–12 | –4)

12. a) $\left| \begin{array}{l} x \cdot y = 10 \\ y = x^2 - 2 \end{array} \right|$ $\left| \begin{array}{l} y = \frac{10}{x} \\ y = x^2 - 2 \end{array} \right|$

b) $\left| \begin{array}{r} y - x^2 - 2x + 5 = 0 \\ y + x^2 - 6 = 0 \end{array} \right|$ $\left| \begin{array}{l} y = x^2 + 2x - 5 \\ y = -x^2 + 6 \end{array} \right|$

c) $\left| \begin{array}{r} y - 2 = 2^x \\ y + x^2 - 6 = 0 \end{array} \right|$ $\left| \begin{array}{l} y = 2^x + 2 \\ y = -x^2 + 6 \end{array} \right|$

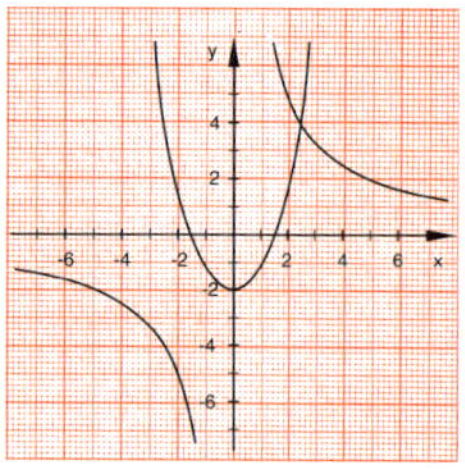
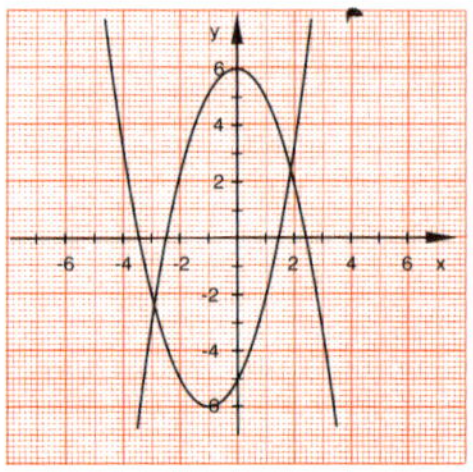
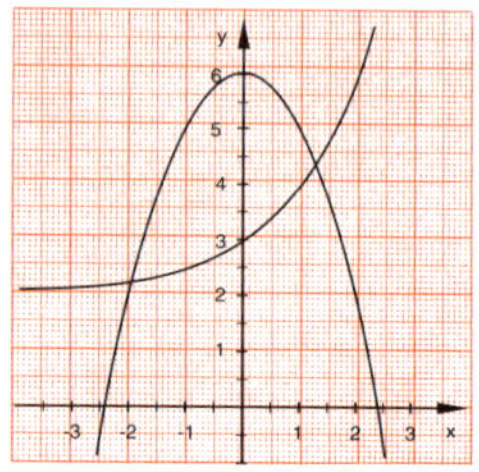

Lektion 3

Aufgaben im Text

1 $\left| \begin{array}{r} 4 \cdot 7 + 3 \cdot 10 = 58 \\ 2 \cdot 7 + 3 \cdot 10 = 44 \end{array} \right|$ $\left| \begin{array}{r} 28 + 30 = 58 \\ 14 + 30 = 44 \end{array} \right|$ $\left| \begin{array}{r} 58 = 58 \\ 44 = 44 \end{array} \right|$

2 $\left| \begin{array}{r} 2x + 3y = 4 \\ 4x - 4y = 3 \end{array} \right| \begin{array}{l} \mid \cdot 2 \\ \mid \cdot (-1) \end{array}$ $\left| \begin{array}{r} 4x + 6y = 8 \\ -4x + 4y = -3 \end{array} \right|$ $\left| \begin{array}{r} 10y = 5 \\ y = 0{,}5 \end{array} \right|$

3 $\left| \begin{array}{r} 19{,}2 + 4{,}8 = 24 \\ 19{,}2 - 4{,}8 = 14{,}4 \end{array} \right|$

4 Um x wegfallen zu lassen: $\cdot 4$ bzw. $\cdot (-3)$
Um y wegfallen zu lassen: $\cdot 3$ bzw. $\cdot 2$

Aufgaben zu 3.1

1. $\left| \begin{array}{r} x + y = 4 \\ x - y = 3 \end{array} \right|$
$(3{,}5 \frac{km}{min} \mid 0{,}5 \frac{km}{min})$
$(210 \frac{km}{Std.} \mid 30 \frac{km}{Std.})$

2. $\left| \begin{array}{r} 2x + 60y = 28{,}6 \\ 2x + 72y = 32{,}8 \end{array} \right|$
(3,80 DM | 0,35 DM)

3. $\left| \begin{array}{r} x + 3y = 9 \\ x - 2y = 6 \end{array} \right|$
$(7{,}2\ km \mid 0{,}6 \frac{km}{min})$
$(7{,}2\ km \mid 36 \frac{km}{Std.})$

Aufgaben zu 3.2

1. a) (5 | –4) b) (1 | 3) c) (4 | –1) 2. a) $(\frac{15}{7} \mid -\frac{34}{35})$ b) $(-\frac{9}{5} \mid \frac{4}{5})$ c) (3 | 1)

3. a) (0 | 4) b) (13,5 | –2) c) (–5 | –13)

Aufgaben zu 3.3

1. a) (0 | 1,25) b) unendlich c) keine 2. a) keine b) (–1 | 1) c) (–1 | 0)

Aufgaben zu 3.4

1. $\left| \begin{array}{r} 0{,}045 \cdot x = 0{,}05 \cdot y \\ x + y = 45\,000 \end{array} \right|$
(23 684,21 DM | 21 315,79 DM)

2. $\left| \begin{array}{r} 0{,}07x + 0{,}05y = 2200 \\ 0{,}075(x - 3000) + 0{,}05y = 2075 \end{array} \right|$
(20 000 DM | 16 000 DM)

3. $\left| \begin{array}{r} 2x = 3y \\ x = y + 15 \end{array} \right|$
(45 | 30)

4. $\left| \begin{array}{c} x = y - 8 \\ x + 28 = 3(y - 28) \end{array} \right|$
(44 Liter | 52 Liter)

5. $\left| \begin{array}{r} y = 2{,}5x \\ 2y + 4x = 90 \end{array} \right|$
(10 | 25)

6. $\left| \begin{array}{r} x + \frac{1}{3}y = 15 \\ y + \frac{1}{4}x = 15 \end{array} \right|$
$(10\frac{10}{11}\ fl. \mid 12\frac{3}{11}\ fl.)$

Wiederholungsaufgaben

1. a) $(2 \mid -1)$ b) $(-\frac{7}{17} \mid \frac{11}{17})$ c) $(-\frac{37}{9} \mid \frac{1}{4})$
2. a) $(\frac{50}{7} \mid \frac{60}{7})$ b) $(5 \mid 2)$ c) $(8{,}718 \mid -0{,}056)$
3. a) $(\frac{4}{5} \mid -\frac{6}{5})$ b) $(23 \mid 13)$ c) $(-\frac{5}{4} \mid -\frac{10}{3})$
4. $(3 \mid 5)$
5. $\left| \begin{array}{r} 8x + 12y = 7560 \\ y = x + 80 \end{array} \right|$ (330 DM | 410 DM)
6. $\left| \begin{array}{r} x + y = 50 \\ 2x + 3y = 110 \end{array} \right|$ (40 | 10)
7. $\left| \begin{array}{l} y = 8x \\ y = 7{,}5x + 30 \end{array} \right|$ (60 | 480)
8. $\left| \begin{array}{l} y = 28 + 0{,}18x \\ y = 24 + 0{,}28x \end{array} \right|$ (40 kWh | 35,20 DM)
   Tarif I ist ab 40 kWh günstiger.
9. $\left| \begin{array}{r} x + y = 600 \\ 1{,}1x + 1{,}2y = 688 \end{array} \right|$ (320 Jungen | 280 Mädchen)
10. $\left| \begin{array}{l} x + y = \frac{30}{85} \\ x - y = \frac{3}{14} \end{array} \right|$ $(0{,}2836 \frac{km}{min} \mid 0{,}0693 \frac{km}{min})$
    $(17{,}02 \frac{km}{Std.} \mid 4{,}16 \frac{km}{Std.})$
11. $\left| \begin{array}{r} x + y = 21 \\ 5x + 3y = 81 \end{array} \right|$ (9 Männer | 12 Frauen)
12. $\left| \begin{array}{r} x + y = 30 \\ 7x = 5y \end{array} \right|$ (12,5 Tage | 17,5 Tage)

Lektion 4

L

Aufgaben im Text

1. $y = -x^2 - 1$; $y = -x^2 + 3$
2. 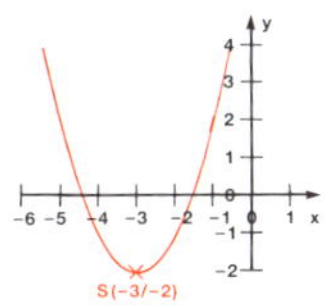

3. $y = x^2 - 3$
4. 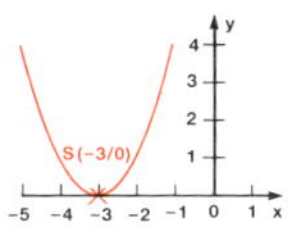

5. a) $y = (x - 2{,}5)^2$ S $(2{,}5 \mid 0)$
   b) $y = (x + 0{,}5)^2$ S $(-0{,}5 \mid 0)$
6. $y = -1{,}5 \cdot x^2 + 3$

Aufgaben zu 4.1

1. $D = \mathbb{R}$; $W = \mathbb{R}_-$
2. a) $P(-4{,}5 \mid 20{,}25)$; $Q_1(+\sqrt{5} \mid 5)$ und $Q_2(-\sqrt{5} \mid 5)$
   b) $P(3{,}5 \mid -12{,}25)$; $Q_1(+3 \mid -9)$ und $Q_2(-3 \mid -9)$

Aufgaben zu 4.2 und 4.3

1. a) $y = x^2 - 1{,}5$ b) $y = (x - 0{,}5)^2$
   c) $y = -x^2 + 2$ d) $y = -(x + 1{,}5)^2$
2. a) $y = x^2 + 0{,}5$ b) $y = (x + 0{,}5)^2$ c) $y = -(x - 0{,}5)^2$ d) $y = -x^2 - 0{,}5$

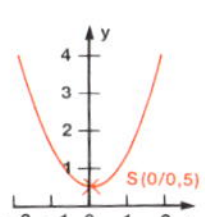

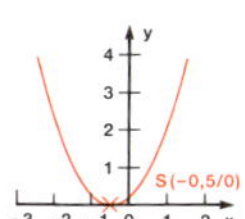

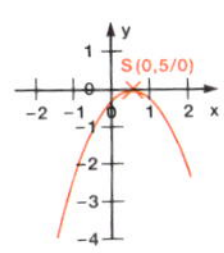

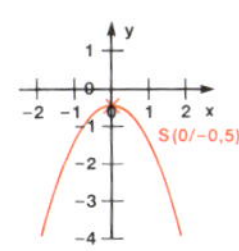

3. $y = -(x - x_S)^2$
4. $y = x^2 - 2$
5. $y = (x - 3)^2$ und $y = (x + 3)^2$

Aufgaben zu 4.4

1. $P_1: \ y = (x + 2)^2 + 1$
   $P_2: \ y = -(x + 1)^2 - 0{,}5$
   $P_3: \ y = (x - 2)^2 - 1{,}5$

2. 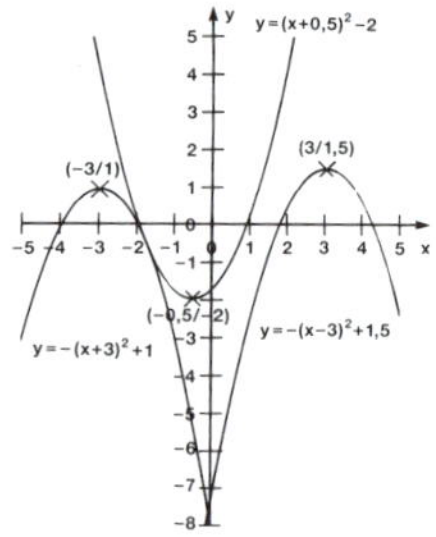

3. a) $y = (x - 2)^2 + 3$
   b) $y = (x + 5)^2 - 12$

Aufgaben zu 4.5

1. 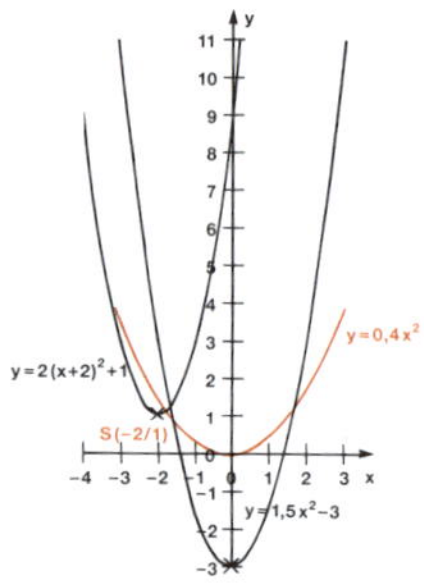

2. $y = 2{,}5 \cdot x^2 - 4$

3. $y = -\frac{1}{4} \cdot (x - 6)^2$
   $= -\frac{1}{4} \cdot x^2 + 3 \cdot x - 9$

Wiederholungsaufgaben

1. a) S: $y = (x + 2)^2$
   A: $y = x^2 + 4 \cdot x + 4$

   b) S: $y = -(x - 1)^2 + 1$
   A: $y = -x^2 + 2 \cdot x$

   c) S: $y = (x - 2{,}5)^2 - 2$
   A: $y = x^2 - 5 \cdot x + 4{,}25$

2. 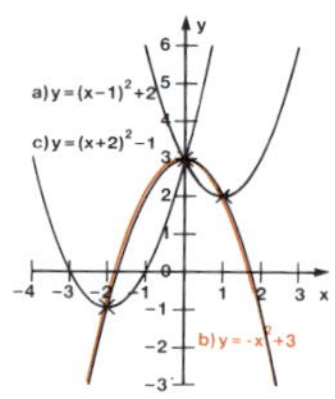

3. a) $y = (x + 4)^2 - 8$
   b) $y = (x - 2{,}5)^2 + 3{,}5$
   c) $y = (x - 1{,}5)^2 - 2{,}25$
   d) $y = -(x + 2)^2 + 5$
   e) $y = -(x - 3{,}5)^2$

4. 2 Lösungen: $y = (x + 2{,}5)^2$
   und $y = (x - 2{,}5)^2$

5. $y = -0{,}8 \cdot (x + 4)^2 + 3$

6. $y = -x^2 + 6 \cdot x - 4$

7. (0 | 49)

Lektion 5

Aufgaben im Text

1. Scheitelpunktform: $y = (x + 4)^2 - 9$; $x_1 = -7$, $x_2 = -1$

2. Benzinverbrauch bei 150 km/h : 11 l/100 km

Aufgaben zu 5.1

1. Ansatz: $y = x \cdot (20 - 2 \cdot x)$; der Zaun muß 5 m breit und 10 m lang sein.

2. Funktionsgleichung: $y = 7{,}5 \cdot (x - 4)^2 - 120$
   Volumen bei 12° : 360 mm³

$40000 + 4000x - 2500x - 2500x^2$

$-250x^2 + 1500x + 40000$

3. Ansatz: $y = (8 - 0{,}5 \cdot x) \cdot (5000 + 500 \cdot x)$
   Bei einer Preissenkung um 1,50 DM beträgt der Gewinn 42250 DM.

4. Ansatz: $y = x \cdot \frac{18 - 2 \cdot x}{2}$. Alle Seiten müssen 4,5 cm lang sein.

Aufgaben zu 5.2

1. a) $y = (x - 1)^2 - 4$; $x_1 = -1$, $x_2 = 3$
   b) $y = (x + 5)^2 - 1$; $x_1 = -6$, $x_2 = -4$
   c) $y = (x - 7)^2$; $x_1 = x_2 = 7$
   d) $y = (x - 6)^2 + 2$; keine Nullstellen
   e) $y = (x + 4)^2 + 5$; keine Nullstellen
   f) $y = (x + 3)^2 - 16$; $x_1 = -7$, $x_2 = 1$
   g) $y = (x + 8)^2$; $x_1 = x_2 = -8$
   h) $y = (x - 2)^2 - 9$; $x_1 = -1$, $x_2 = 5$

2. a) $x_1 = 2$, $x_2 = 4$ b) $x_{1/2} = 1{,}5$ c) $x_1 = -2$, $x_2 = 3$
   d) keine Nullstellen e) $x_1 = -8$, $x_2 = 2{,}5$ f) keine Nullstellen
   g) $x_{1/2} = -5{,}5$ h) $x_1 = -1{,}5$, $x_2 = 4$

3. $x_S = 5$; $y = x^2 - 10x + 16$

Aufgaben zu 5.3

L

1. a) $y = 2 \cdot (x - 1)^2 - 18$; $x_1 = -2$, $x_2 = 4$
   b) $y = 1{,}5 \cdot (x + 4)^2 + 6$; keine Nullstellen
   c) $y = -4 \cdot (x - 2{,}5)^2 + 25$; $x_1 = 0$, $x_2 = 5$
   d) $y = -0{,}5 \cdot (x - 4)^2 + 18$; $x_1 = -2$, $x_2 = 10$
   e) $y = 3 \cdot (x + 3)^2$; $x_1 = x_2 = -3$
   f) $y = -5 \cdot (x - 2)^2 + 15$; $x_1 = 2 - \sqrt{3}$, $x_2 = 2 + \sqrt{3}$
   g) $y = 2{,}5 \cdot (x + 1)^2 + 5$; keine Nullstellen
   h) $y = 4 \cdot (x + 2{,}25)^2 - 6{,}25$; $x_1 = -3{,}5$, $x_2 = -1$

2. a) keine Nullstellen b) $x_1 = -5$, $x_2 = 6$
   c) $x_1 = 4 - \sqrt{5}$, $x_2 = 4 + \sqrt{5}$ d) $x_{1/2} = 2{,}5$
   e) $x_1 = -2$, $x_2 = -0{,}4$ f) keine Nullstellen
   g) $x_{1/2} = -1$ h) $x_1 = 0$, $x_2 = 4$

3. $c = 18$

Wiederholungsaufgaben

1. Ansatz: $y = x \cdot (120 - x)$; $x = 60\,\text{m}$

2. a) $x_1 = -\frac{5}{3}$, $x_2 = 1$ b) $x_1 = 2$, $x_2 = -12$
   c) keine Nullstellen d) $x_{1/2} = 0{,}5$
   e) keine Nullstellen f) $x_1 = -1 - \sqrt{2}$, $x_2 = -1 + \sqrt{2}$
   g) $x_1 = -4$, $x_2 = 0$ h) $x_{1/2} = -8$

3. Ansatz: $y = (30 + 5x) \cdot (20 - x)$, Maximum bei $x = 7$ (Einnahmen 845 DM)

4. $y = (x - 3{,}5)^2 - 12{,}25 = x^2 - 7 \cdot x$

5. Ansatz: $y = 3 \cdot x \cdot (x + 2)$; Minimum bei $x = -1$

6. Funktionsterm: $-x^2 + 3x + 4$; $N_1(-1 \mid 0)$, $N_2(4 \mid 0)$, Schnittpunkt mit der y-Achse $P(0 \mid 4)$.

7. a) $-9 < b < 9$ Rechnung: $x^2 + b\,x + 20{,}25 = 0$

$$x_{1/2} = -\frac{b}{2} \pm \sqrt{\frac{b^2 - 81}{4}}$$

Die Funktion hat keine Nullstelle, wenn $b^2 - 81 < 0$. Daraus folgt: $b^2 < 81$ und $-9 < b < 9$

b) $b = 9$ oder $b = -9$

8. Funktionsgleichung: $y = -0{,}025 \cdot (x - 8{,}5)^2 + 3{,}6$ Die Wurfweite ist der Wert von $N_2(20{,}5 \mid 0)$.

Lektion 6

Aufgaben zu 6.1

1. a) keine Lösung b) keine Lösung c) eine Lösung
   d) zwei Lösungen e) keineLösung f) zwei Lösungen

2. a) $x_1 = -5$, $x_2 = 7$ b) $x_1 = 2{,}5$, $x_2 = -4$ c) $L = \{\ \}$
   d) $x_1 = -1 + \sqrt{5}$, $x_2 = -1 - \sqrt{5}$ e) $x_1 = x_2 = -1{,}5$ f) $L = \{\ \}$
   g) $x_1 = 10$, $x_2 = 22$ h) $x_1 = 0$, $x_2 = 6$ i) $x_1 = x_2 = 4$
   k) $x_1 = -2{,}5$, $x_2 = -8$

3. a) $q < 169$ b) $p > 5$ oder $p < -5$ c) $q > -76$ d) $p < -15$ oder $p > 1$

4. $q = 4$; $x_2 = -1$

Aufgaben zu 6.2

1. a) $x_1 = 3{,}5$, $x_2 = -6$ b) $x_1 = -2$, $x_2 = 5$ c) $x_1 = 0$, $x_2 = -3$
   d) $L = \{\ \}$ e) $x_1 = -3$, $x_2 = 3$ f) $x_1 = 0$, $x_2 = -12$
   g) $x_1 = -1{,}4$, $x_2 = -0{,}6$ h) $L = \{\ \}$ i) $x_1 = 0$, $x_2 = 1{,}8$
   k) $x_1 = 1$, $x_2 = 9$

2. a) $x^2 - 2 \cdot x - 15 = 0$ b) $x^2 + 4 \cdot x = 0$
   c) $x^2 - 64 = 0$ d) $x^2 - 14 \cdot x + 49 = 0$
   e) $x^2 - 4{,}1 \cdot x + 4 = 0$ f) $x^2 - 2 \cdot x - 2 = 0$

3. $2{,}5 \cdot x^2 - 5 \cdot x - 60 = 0$

Aufgaben zu 6.3

1. a) Ansatz: $180 = x \cdot \frac{54 - 2 \cdot x}{2}$ mit $x > 0$; $x_1 = 12$; $x_2 = 15$
   b) Ansatz: $180 = x \cdot \frac{52 - 2 \cdot x}{2}$ mit $x > 0$; keine Lösung

2. Ansatz: $\frac{7{,}2}{x} = 7{,}2 - x$; $x_1 = 1{,}2$; $x_2 = 6$

3. Ansatz: $(x + 5) \cdot (\frac{180}{x} - 0{,}5) = 180$ mit $x \in \mathbb{N}^*$; $x = 40$

4. Ansatz: $(10 \cdot x + x + 3) \cdot (10 \cdot (x + 3) + x) = 1300$ mit $x \in \mathbb{N}^*$; $x = 2$

5. Ansatz: $2\,(40 \cdot 60) = (40 + 2x) \cdot (60 + 2x)$ mit $x > 0$; $x = 10$

Wiederholungsaufgaben

1. a) $x_1 = 4$; $x_2 = -6$ b) $L = \{\ \}$ c) $x_1 = 7 + \sqrt{2}$; $x_2 = 7 - \sqrt{2}$
   d) $x_1 = x_2 = -8$ e) $L = \{\ \}$ f) $x_1 = 0$; $x_2 = 3$
   g) $x_1 = -0{,}5$; $x_2 = 10$ h) $x_1 = -5$; $x_2 = 5$

2. Ansatz: $\frac{x}{8} - 2 = \frac{280}{x}$; $x \neq 0$, $x_1 = 56$; $x_2 = -40$

3. a) $q = 10$; $x_2 = 5$ b) $q = -5$; $x_2 = -2$ c) $q = 4$; $x_2 = 0$
   d) $q = 3$; keine weitere Lösung

4. Benzinverbrauch bei $150\ \frac{km}{Std.}$: 11 l

   Ansatz: $5{,}5 = \frac{1}{1600} \cdot (x - 30)^2 + 2$; $x = 104{,}83315 \approx 105\ \frac{km}{Std.}$

5. a) $y = 2 \cdot x^2 - 12 \cdot x$ b) $y = 1{,}5 \cdot x^2 - 3 \cdot x - 22{,}5$
   c) $y = 4 \cdot x^2 + 6 \cdot x - 40$

6. Ansatz: $\frac{8}{x} = \frac{x}{8 - x}$ mit $x > 0$; $x \neq 8$; $x = -4 + 4\sqrt{5} \approx 4{,}94427$ m
   $y \approx 3{,}0557281$ m

7. a) $(x + 3) \cdot (x - 4)$ b) $(x - 1{,}5) \cdot (x - 2)$
   c) $(x + 1) \cdot (x + 5)$ d) $(x + 12) \cdot (x - 2)$

L

Mathematische Schreibweisen

Mathematische Grundzeichen

$=$	gleich, Gleichheitszeichen	$<$	kleiner als
$\neq$	ungleich	$\leq$	kleiner oder gleich
$\approx$	ungefähr gleich	$>$	größer als
$\triangleq$	entspricht (z.B. $1\ \text{cm} \triangleq 1\ \frac{\text{km}}{\text{Std.}}$)	$\geq$	größer oder gleich
∞	unendlich (keine Zahl!)	$\pm$	plus oder minus

Zahlenmengen

$\mathbb{N} = \{0, 1, 2, 3, 4, 5, ...\}$	Menge der natürlichen Zahlen[1] oder: Menge der nicht-negativen ganzen Zahlen
$\mathbb{N}^* = \{1, 2, 3, 4, 5, ...\}$	Menge der natürlichen Zahlen ohne 0 oder: Menge der positiven ganzen Zahlen[2]
$\mathbb{Z} = \{..., -3, -2, -1, 0, 1, 2, 3, ...\}$	Menge der ganzen Zahlen
$\mathbb{Z}^* = \{..., -3, -2, -1, 1, 2, 3, ...\}$	Menge der ganzen Zahlen ohne 0 oder: Menge der von 0 verschiedenen ganzen Zahlen
$\mathbb{Q} = \{ \frac{p}{q} \mid p \in \mathbb{Z} \text{ und } q \in \mathbb{N}^* \}$	Menge der rationalen Zahlen (Bruchzahlen)[3]
$\mathbb{Q}^* = \{ \frac{p}{q} \mid p \in \mathbb{Z}^* \text{ und } q \in \mathbb{N}^* \}$	Menge der rationalen Zahlen ohne 0 oder: Menge der von 0 verschiedenen rationalen Zahlen
$\mathbb{Q}_+ = \{ x \in \mathbb{Q} \mid x \geq 0 \}$	Menge der nicht negativen rationalen Zahlen
$\mathbb{R}$	Menge der reellen Zahlen
$\mathbb{R}^*$	Menge der reellen Zahlen ohne 0 oder: Menge der von 0 verschiedenen reellen Zahlen
$\mathbb{R}_+ = \{ x \in \mathbb{R} \mid x \geq 0 \}$	Menge der nicht negativen reellen Zahlen
$\mathbb{R}_+^* = \{ x \in \mathbb{R} \mid x > 0 \}$	Menge der positiven reellen Zahlen
$\mathbb{R}_- = \{ x \in \mathbb{R} \mid x \leq 0 \}$	Menge der nicht positiven reellen Zahlen
$\mathbb{R}_-^* = \{ x \in \mathbb{R} \mid x < 0 \}$	Menge der negativen reellen Zahlen

Intervalle

$[a;b] = \{ x \in \mathbb{R} \mid a \leq x \leq b \}$	abgeschlossenes Intervall von a bis b (einschl. a und b)
$]a;b[= \{ x \in \mathbb{R} \mid a < x < b \}$	offenes Intervall von a bis b (ohne a und b)

---

1 Die Klammern { } heißen Mengenklammern und zeigen, daß eine ganze Menge von (zum Beispiel) Zahlen gemeint ist.

2 Der * an einem Mengenzeichen zeigt an, daß die 0 aus der Menge herausgenommen ist.

3 Das Zeichen $\in$ heißt Elementzeichen, wird „ist Element von" gesprochen und zeigt, daß (zum Beispiel) eine Zahl Element einer bestimmten Menge ist (zu einer bestimmten Menge gehört).

Schreibweisen bei Gleichungen

In der Regel werden bei Gleichungen

- mit einer Variablen die Lösungsvariable mit x bezeichnet,
- mit zwei Variablen die Lösungsvariablen mit x und y bezeichnet,
- mit drei Variablen die Lösungvariablen mit x, y und z bezeichnet.

Für Parameter, die für feste Zahlenwerte stehen, werden in der Regel Buchstaben vom Anfang des Alphabets (a, b, c, . . .) gewählt.

Gleichungssysteme werden durch seitliche Striche gekennzeichnet: $\left| \begin{array}{l} ax + by = c \\ dx + ey = f \end{array} \right|$

Die Lösungen von Gleichungen werden entweder als *einzelne Lösungen* angegeben - Bezeichnungen sind dann etwa „5 ist die Lösung", „x_1 ist Lösung", „das Paar $(-2 \mid 3)$ ist Lösung", „das Paar $(x_1 \mid y_1)$ ist Lösung", „alle Paare der Form $(x \mid y = 2x - 1)$ sind Lösungen", „das Tripel $(2 \mid 5 \mid -1)$ ist Lösung", „es gibt keine Lösung" - oder es wird die *Menge aller Lösungen*, die sogenannte *Lösungsmenge*, aufgeschrieben, wie „die Lösungsmenge ist $L = \{4\}$", „die Lösungsmenge ist $L = \{3; 4\}$", „die Lösungsmenge ist $L = \{x_1\}$", „die Lösungsmenge ist $L = \{(-3 \mid 1)\}$", „die Lösungsmenge ist $L = \{(x_0 \mid y_0)\}$", „die Lösungsmenge ist $L = \{(x \mid y) \mid x \in \mathbb{R} \text{ und } y = 2x - 1\}$", „die Lösungsmenge ist $L = \mathbb{R}$" (wenn alle reellen Zahlen Lösungen der Gleichung sind), „die Lösungsmenge ist leer: $L = \{\ \}$" (wenn es keine Lösung gibt).

Schreibweisen bei Funktionen

Bezeichnung von Funktionen: $f, g, h, \ldots$ zum Beispiel f: $y = x^3 + 2x^2 - 5$

Bezeichnung für die Umkehrfunktion von f: f^* zum Beispiel f: $y = x^2$ $D = \mathbb{R}_+$

f^*: $y = \sqrt{x}$ $D = \mathbb{R}_+$

Wenn klar ist, was man meint, läßt man „f:" auch weg und schreibt kurz nur die Funktionsgleichung $y = f(x)$ oder nur die Zuordnungsvorschrift $x \to f(x)$ für die Funktion.

Definitionsbereich einer Funktion (Menge der x-Werte, für die die Funktion erklärt ist): D

Wertebereich einer Funktion (Menge der y-Werte, die als Funktionswerte auftreten): W

Schreibweisen in der Geometrie

Punkte werden mit großen Buchstaben bezeichnet:	A, B, C, . . .
Strecke von A nach B:	$\overline{AB}$
Länge der Strecke von A nach B:	$\lvert AB \rvert$
Dreieck aus den Eckpunkten A, B, C:	Δ ABC
Rechter Winkel	⊾
Winkel am Punkt B mit den Schenkeln $\overline{BA}$ und $\overline{BC}$	$\sphericalangle$ ABC

Bezeichnungen der Seiten im rechtwinkligen Dreieck

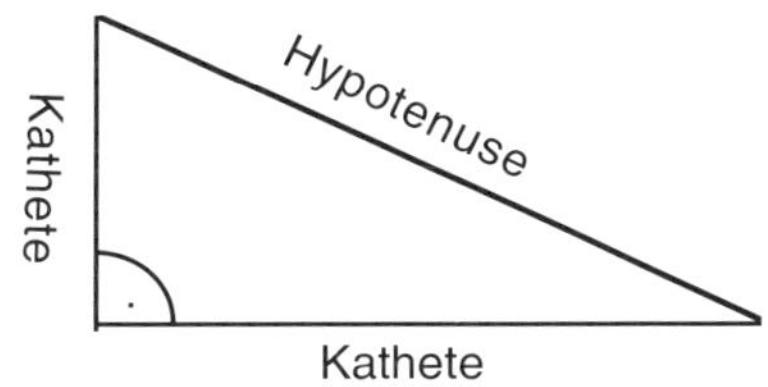

Wichtige Begriffe, Formeln und Sätze

Funktionen

Begriff der Funktion

Eine Funktion stellt eine Zuordnung zwischen zwei Mengen, der Definitionsmenge und der Wertemenge, dar. Bei einer Funktion muß jedem Element der Definitionsmenge ein und nur ein Element der Wertemenge zugeordnet sein. Schreibweise für eine Funktion: $x \rightarrow f(x)$ oder $y = f(x)$; $f(x)$ heißt der Funktionsterm, $y = f(x)$ die Funktionsgleichung.

Nullstellen einer Funktion

Eine Nullstelle einer Funktion ist diejenige Stelle, an der der Funktionswert Null, also $f(x) = 0$ ist.

Lineare Funktion $y = m \cdot x + b$ m Steigung; b y-Achsenabschnitt

Exponentialfunktion $y = a \cdot b^x$ (mit $b > 0$)
($y = a \cdot b^x$ exponentielles Wachstum, $y = a \cdot b^{-x}$ exponentielle Abnahme)

Gebrochen-rationale Funktion $y = \frac{1}{x}$ (mit $x \neq 0$) Graph: Hyperbel.

$y = \frac{a \cdot x + b}{c \cdot x + d}$ (mit $c \neq 0$ und $x \neq -\frac{d}{c}$) linearer Zählerterm und linearer Nennerterm

$y = \frac{k}{x - x_0} + y_0$ (mit $x \neq x_0$) Graph: um x_0 in x-Richtung und y_0 in y-Richtung verschobene Hyperbel

Quadratische Funktion

Allgemeine Form: $y = a \cdot x^2 + b \cdot x + c$ ($a, b, c \in \mathbb{R}, a \neq 0$)

Scheitelpunktform: $y = a \cdot (x - x_s)^2 + y_s$ Scheitelpunkt ($x_s \mid y_s$)

Umrechnung zwischen a, b, c und x_s, y_s: $x_s = -\frac{b}{2a}$ und $y_s = c - \frac{b^2}{4a}$

Quadratische Gleichung

$x^2 + p \cdot x + q = 0$ Lösungen: $x_{1/2} = -\frac{p}{2} \pm \sqrt{\left(\frac{p}{2}\right)^2 - q}$

$a \cdot x^2 + b \cdot x + c = 0$ Lösungen: $x_{1/2} = \frac{-b \pm \sqrt{b^2 - 4 \cdot a \cdot c}}{2 \cdot a}$

Potenzfunktion $y = x^n$ mit $n \in \mathbb{N}$

Ganz-rationale Funktion $y = a_n x^n + a_{n-1} x^{n-1} + \ldots + a_2 x^2 + a_1 x + a_0$ mit $n \in \mathbb{N}$, $a_i \in \mathbb{Q}$

$a_n x^n + a_{n-1} x^{n-1} + \ldots + a_2 x^2 + a_1 x + a_0$ heißt Polynom n-ten Grades

Formeln aus der Geometrie

Satz des Pythagoras In einem rechtwinkligen Dreieck ist die Summe der Flächeninhalte der beiden Kathetenquadrate gleich dem Flächeninhalt des Hypotenusenquadrates: $a^2 + b^2 = c^2$

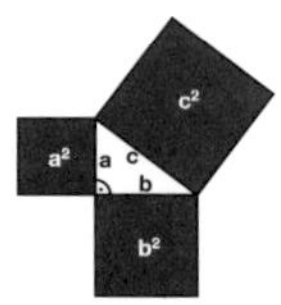

Kreis $A = \pi \cdot r^2$ $u = 2 \cdot \pi \cdot r$ (r Radius)
Kreisgleichung: $x^2 + y^2 = r^2$
Funktion des (oberen) Halbkreises: $y = +\sqrt{r^2 - x^2}$

Stereometrie

Pyramide:

$V = \frac{1}{3} \cdot G \cdot h$

(G : Grundfläche)

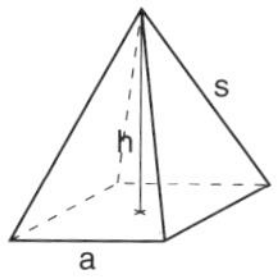

Zylinder:

$V = \pi \cdot r^2 \cdot h$

$M = 2 \cdot \pi \cdot r \cdot h$

$O = 2 \cdot \pi \cdot r^2 + 2 \cdot \pi \cdot r \cdot h$

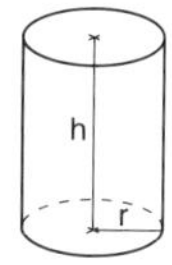

Kreiskegel:

$V = \frac{1}{3} \cdot \pi \cdot r^2 \cdot h$

$M = \pi \cdot r \cdot s$

$O = \pi \cdot r^2 + \pi \cdot r \cdot s$

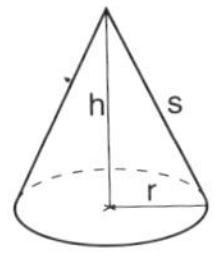

Kugel:

$V = \frac{4}{3} \cdot \pi \cdot r^3$

$O = 4 \cdot \pi \cdot r^2$

Kugelabschnitt:

$V = \frac{1}{3}\pi \cdot h^2 \cdot (3r - h)$

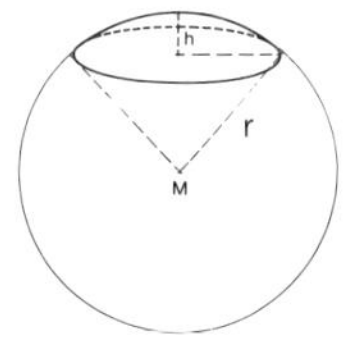

Formeln aus der Physik

Gleichförmige Bewegung: Geschwindigkeit: $v = \frac{s}{t}$ (Weg: s; Zeit: t)

Beschleunigte Bewegung: Geschwindigkeit: $v = a \cdot t$ (konstante Beschleunigung: a)

Weg-Zeit-Gesetz: $s = \frac{1}{2} \cdot a \cdot t^2$

beim freien Fall: $v = g \cdot t$ (Fallbeschleunigung: $g \approx 9{,}81 \frac{m}{s^2}$)

$s = \frac{1}{2} \cdot g \cdot t^2$

Dichte: $\rho = \frac{m}{V}$ (Dichte: ρ; Masse: m; Volumen: V)

Linsengesetz: $\frac{1}{g} + \frac{1}{b} = \frac{1}{f}$ (Abstand des Gegenstandes von der Linse: g
Entfernung des erzeugten Bildes von der Linse: b
Brennweite der Linse: f)
Abbildungsmaßstab $A = \frac{b}{g}$

Zinsformel

$z = \frac{K \cdot i \cdot p}{100}$ (Zinsen: z; Kapital: K; Zeit in Jahren: i; Zinssatz: p)

Zinseszinsformel $K_n = K_0 \cdot (1 + \frac{p}{100})^n$ (Anfangskapital: K_0; Endkapital: K_n; Zeit in Jahren: n; Zinssatz: p)

Register